SALSAS
PICANTES
PARA
VALIENTES

SALSAS PICANTES PARA VALIENTES

¡ESTÁN QUE ARDEN!

This edition published by Parragon Books Ltd in 2014 and distributed by:

Parragon Inc.
440 Park Avenue South, 13th Floor
New York, NY 10016, USA
www.parragon.com/lovefood

LOVE FOOD is an imprint of Parragon Books Ltd

ISBN: 978-1-4723-5968-1

Impreso en China/Printed in China

Recetas nuevas: Beverly Le Blanc
Introducción y otros textos: Dominic Utton y Beverly Le Blanc
Fotografías nuevas: Mike Cooper
Nueva economía doméstica: Lincoln Jefferson
Diseño adicional: Sîan Williams
Ilustraciones del interior y las solapas: Julie Ingham y Nicola O'Byrne

Traducción: Carme Franch para Delivering iBooks & Design
Redacción y maquetación: Delivering iBooks & Design, Barcelona

Notas:
En este libro las medidas se dan en los sistemas métrico e imperial. Cuando el nombre de algún ingrediente varía de una región del ámbito hispánico a otra, se ha procurado ofrecer las variantes. Se considera que 1 cucharadita equivale a 5 ml y 1 cucharada, a 15 ml; asimismo, las tazas indicadas en las medidas son rasas. Si no se da otra indicación, la leche será siempre entera; la mantequilla, con sal; los huevos, grandes; las verduras u hortalizas, de tamaño medio, y la pimienta, negra y recién molida. Si no se da otra indicación, lave y pele las hortalizas de raíz antes de añadirlas a las recetas.

Las guarniciones y sugerencias de presentación son opcionales y no siempre se incluyen en la lista de ingredientes o la preparación. Los tiempos indicados son orientativos. Los tiempos de preparación pueden variar de una persona a otra según su técnica culinaria; asimismo, también pueden variar los tiempos de cocción. Los ingredientes opcionales, las variaciones y las sugerencias de presentación no se han incluido en los cálculos.

Las recetas que llevan huevo crudo o poco hecho no están indicadas para niños, ancianos, mujeres embarazadas ni personas convalecientes o enfermas. Se recomienda a las mujeres embarazadas o lactantes que no consuman cacahuetes ni productos derivados. Las personas alérgicas a los frutos secos deberán omitirlos en las recetas que los lleven. Lea siempre con atención el envase de los productos antes de consumirlos.

Créditos fotográficos:
El editor desea dar las gracias a las siguientes personas y entidades por su permiso para reproducir material registrado. Las ilustraciones de la cubierta y la contracubierta son cortesía de iStock; página 7: Christopher Columbus © De Agostini Picture Lbry/De Agostini /A. Dagli Orti; página 103: Guindillo en el alféizar de la ventana © Dorling Kindersley/Peter Anderson.

ÍNDICE

Introducción   6

Para entrar en calor   12

Caliente, caliente…   44

¡Esto está que arde!   74

Platos picantes   104

Índice analítico   128

HISTORIA DE LA GUINDILLA

En 1492, cuando Cristóbal Colón se embarcó en su gran aventura, no solo descubrió América, sino también la guindilla. Antes del descubrimiento del Nuevo Mundo, los habitantes del continente eran los únicos que conocían este ingrediente, que había formado parte de su dieta desde el año 7500 a. C.

Colón «descubrió» la guindilla en el Caribe, y creyó que era una simple variedad de pimiento más. Las guindillas se empezaron a transportar a Europa: las plantas se consideraban una curiosidad, y su factor picante se aprovechaba a veces con finalidades terapéuticas.

Pero comerciantes de otras partes del mundo descubrieron un mercado diferente y más alentador. Los guindillos se exportaron al África Occidental, donde no tardaron en integrarse en el paisaje. A los habitantes del sur de Asia les encantaron las guindillas, que incorporaron a su cocina, quizá porque ya estaban acostumbrados a los platos picantes y especiados, pero también porque eran baratas de cultivar, de modo que estaba tan al alcance de los más humildes como de la aristocracia.

Poco a poco la guindilla se extendió por Asia, y sus maravillosos aromas dieron pie a todo tipo de supersticiones acerca de las propiedades de aquella plantita tan poderosa. Se decía que evitaba el mal de ojo, y las amas de casa solían tener una ristra de guindillas colgando del umbral para alejar los malos espíritus. Para atraer la buena fortuna o proteger a alguien de la magia negra, se agitaban por encima de su cabeza unas guindillas mezcladas con ceniza.

Si bien la guindilla tardó solo 50 años en expandirse desde Sudamérica por todo el mundo, en Europa se tardó más en apreciarla. Los monjes españoles y portugueses empezaron a utilizarla en la cocina a mediados del siglo XVI, pero en buena parte del

continente aquella pequeña hortaliza rabiosa no se apreció del todo hasta el siglo XX.

De modo que, la próxima vez que alguien le diga que la guindilla es originaria de la India, corríjale: fue un explorador europeo quien dio a conocer la guindilla en Asia.

FUNDAMENTOS DE LAS SALSAS PICANTES

Para preparar una buena salsa picante no basta con trocear unas guindillas. Pero una elección acertada de entre los ingredientes habituales de una despensa puede aportar una increíble variedad de sabores a las salsas e impartirles complejidad. Pruebe con los ingredientes siguientes y, después, experimente con cantidades y variedades para preparar su propia versión.

HIERBAS Y ESPECIAS

Frescas o secas, aportan profundidad de sabor. La salsa jamaicana con especias, por ejemplo, quedaría menos auténtica sin la pimienta de Jamaica, mientras que el chimichurri para emociones fuertes no sería lo mismo sin sus hierbas frescas.

GUINDILLAS

El ingrediente principal de las salsas picantes. Existen infinidad de especies, con distintos grados de picante.

ACEITE

Esencial para freír guindillas y otros ingredientes y dar cuerpo a las salsas. Tenga varios en casa —de oliva, de girasol, de cacahuete, de colza...— y descubrirá nuevos sabores.

SAL

Imprescindible para potenciar los sabores.

AZÚCAR

Tanto el blanco como el integral ponen el contrapunto al picor y actúan como conservantes. Para que no cristalice, hay que disolver siempre el azúcar antes de llevar la salsa a ebullición.

VINAGRE

Las salsas caribeñas y muchas de las tradicionales de Norteamérica llevan vinagre destilado, pero el vinagre de manzana o el de vino, tinto o blanco, también es adecuado. El vinagre aporta un sabor de fondo agrio, y además actúa como conservante.

MANIPULAR GUINDILLAS

La capsaicina es la sustancia que provoca el ardor de la guindilla, que, en general, cuanto más pequeña y delgada es, más picante resulta porque en proporción contiene más semillas. Y es que toda la capsaicina de la guindilla se produce en una glándula que la recorre por dentro y alrededor de la cual se arraciman las semillas, que concentran mucho ardor.

Pique las guindillas con precaución, y tenga cuidado en especial al quitar las semillas. Si tiene la piel sensible, hágalo con guantes de plástico puestos y evite tocarse los ojos o la boca sin antes lavarse bien las manos. Otra forma de protegerse las manos consiste en frotárselas con aceite vegetal para que haga de barrera.

Al freírlas, las guindillas sueltan un potente vapor que irrita los ojos, así que encienda el extractor al máximo o abra bien la ventana de la cocina antes de empezar. Esto es imprescindible sobre todo para preparar las guindillas extremadamente picantes del capítulo «¡Esto está que arde!». ¡Y, cuidado! La próxima vez que le arda la boca, no beba agua: solo expandirá la sensación. Tome más bien leche o yogur: los lácteos son el mejor remedio para diluir el ardor. No es casualidad que en la India, por ejemplo, los currys picantes se sirvan con raita, una salsa a base de yogur.

CONSERVACIÓN DE SALSAS

Hay salsas, como la Salsa de chile serrano al cilantro, que son mejores recién hechas, y otras que, aun preparadas con ingredientes frescos, como la Llameante salsa gumbo criolla, se conservan hasta dos días en el frigorífico en un recipiente hermético. Las salsas que llevan mucho vinagre o azúcar, como la Salsa tórrida de Luisiana, aguantan hasta un mes en la nevera. Si desea conservarlas más tiempo, congélelas o enváselas en tarros de vidrio esterilizados. Todas las recetas del libro incluyen indicaciones de conservación.

CONGELACIÓN
Repártalas en recipientes pequeños: así solo descongelará la cantidad que le haga falta cada vez. Cuando esté hecha, deje enfriar la salsa y luego viértala en recipientes aptos para el congelador, dejando un espacio de 1 cm (½ in) por encima de su nivel. Tápelos herméticamente y etiquételos con la fecha. La mayor parte de las salsas que pueden congelarse se conservan hasta un año, pero son más sabrosas en el plazo de tres meses. Basta con descongelarlas a temperatura ambiente.

ESTERILIZACIÓN DE TARROS
1. Utilice solo tarros de conserva de vidrio sin grietas ni esquirlas. Lave los tarros y las tapas con agua jabonosa caliente y aclárelos bien. Si la receta lleva vinagre, la tapa deberá ser resistente al ácido.

2. Ponga los tarros derechos en una olla 5 cm (2 in) más honda que ellos. Vierta agua hirviendo hasta cubrirlos y hiérvalos 15 minutos.

3. Sáquelos con unas pinzas fuertes, con cuidado, y déjelos escurrir sobre paños de cocina limpios.

CÓMO LLENAR TARROS QUE VAYAN A IR A LA NEVERA
1. Con un embudo, vierta la salsa caliente en los tarros también calientes. Deje 1 cm/½ in libre entre la salsa y la boca del tarro. Humedezca el borde y tape bien el tarro.

2. Deje enfriar la salsa y, después, guárdela en la nevera. Consúmala en un mes como máximo. El tiempo de conservación dependerá del contenido de vinagre y azúcar de la salsa, por lo que deberá consultar la información que aparezca en la receta.

ESTERILIZACIÓN AL BAÑO MARÍA PARA CONSERVAR MÁS TIEMPO LAS SALSAS

1. Necesitará tarros de conserva con la tapa formada por dos piezas, un aro con rosca y una parte plana superior; se llenan como en el caso anterior. Ponga una rejilla en una cazuela honda o una olla especial para conservas. Coloque los tarros llenos en la rejilla, derechos.

2. Vierta agua hirviendo hasta cubrir los tarros y llévelos a ebullición.

Hiérvalos 20 minutos si el tarro es de 300 ml (8 oz) o 30 si es de 600 ml (1 pinta).

3. Saque los tarros de la cazuela con unas pinzas fuertes. Déjelos enfriar a temperatura ambiente. Sin abrir el tarro, la salsa se conservará un año. Una vez abierto, guarde la salsa en la nevera el tiempo indicado en la receta.

PARA ENTRAR EN CALOR

La escala Scoville: la medida de lo ardiente 14

Kétchup con sorpresa 16

Salsa barbacoa llameante 18

Salsa dulce de guindilla 19

Salsa pico de gallo picante 20

Salsa roadhouse ardiente 22

Salsa *satay* encendida 24

Salsa de tomate asado y pimentón 26

Salsa fuerte y cremosa de mostaza 28

Salsa de rábano picante 32

Salsa arrabbiata 34

Salsa de chile con carne 36

Salsa de guindilla a la cerveza 38

Abrasadora salsa verde tailandesa 40

Aceite de guindilla al ajo 42

LA ESCALA SCOVILLE: LA MEDIDA DE LO ARDIENTE

¿Cómo se calcula el grado de picante de una guindilla? De forma científica, como debe ser.

En 1912 el farmacéutico estadounidense Wilbur Scoville desarrolló la «prueba organoléptica de Scoville» (hoy conocida como «escala Scoville») para calcular el grado de picante de las guindillas. El ardor lo provoca la capsaicina, y la escala Scoville permite averiguar qué cantidad de esa sustancia contiene una guindilla.

Aunque la tecnología ha evolucionado mucho en los últimos cien años, los principios del farmacéutico no han perdido vigencia, y las guindillas siguen midiéndose en función de la escala de su invención.

UNIDADES SCOVILLE	GUINDILLAS
1 500 000-2 100 000	Trinidad moruga scorpion (la guindilla más picante del mundo)
855 000-1 463 700	Naga viper, infinity, bhut jolokia
350 000-855 000	Chile habanero red savina, tezpur indio
100 000-350 000	Chile habanero, scotch bonnet, dátil
50 000-100 000	Santaka, chiltecpin, peri peri, guindilla tailandesa
30 000-50 000	Cayena, tabasco, chile piquín, ají
15 000-30 000	Chile de árbol
5000-15 000	Yellow wax, chile serrano
2500-5000	Chile alapeño, mirasol, chipotle, chile poblano
1500-2500	Chile sandía, chile cascabel
1000-1500	Chile pasilla, anaheim, chile ancho, guindilla española
100-1000	Pimiento, pepperoncino

KÉTCHUP CON SORPRESA

Una receta ideal para preparar en temporada de tomates, cuando están más jugosos y salen mejor de precio. Prepare una buena cantidad y consérvelo como se indica en la página 10, y disfrutará del sabor del verano todo el año.

PARA: UNOS 600 ML/ 2¹/₂ TAZAS

PREPARACIÓN: 14 MINUTOS

COCCIÓN: 2¹/₄ HORAS

INGREDIENTES

2,25 kg/5 lb de tomates (jitomates) maduros, troceados

2 chiles jalapeños rojos troceados

1 cebolla troceada

1 cucharadita de sal, y un poco más al gusto

1 cucharadita de semillas de hinojo

1 cucharadita de semillas de mostaza negra

250 ml/1 taza de vinagre de sidra o de vino blanco

100 g/½ taza de azúcar moreno

1 rama de canela

½ cucharadita de nuez moscada rallada

½ cucharadita de pimentón dulce

1-3 cucharaditas de cayena molida, o al gusto

1-2 cucharadas de concentrado de tomate (jitomate) (opcional)

pimienta al gusto

1. Ponga el tomate, la guindilla, la cebolla y la sal en un cazo y caliéntelo a fuego fuerte. Remueva hasta que el tomate empiece a deshacerse, baje el fuego al mínimo y cueza la salsa 30 minutos, o hasta que el tomate esté bien hecho.

2. Mientras tanto, envuelva las semillas de hinojo y mostaza en un cuadrado de muselina, atándolo como un saquito. Resérvelo.

3. Cuele la salsa de tomate en un cazo, presionando con una cuchara de madera y raspando el colador por debajo para aprovecharla al máximo.

4. Ponga en el cazo el saquito de las semillas y añada el vinagre, el azúcar, la canela, la nuez moscada, el pimentón y la cayena. Salpimiente y remueva hasta que se disuelva el azúcar. Lleve la salsa a ebullición, baje el fuego y cuézala, desta-pada, 1½ horas, espumándola si fuera necesario, hasta que se reduzca y se espese. Pásela a un bol y deje que se enfríe.

5. Si los tomates fueran poco sabrosos, puede enriquecer el kétchup con el concentrado de tomate. Retire y deseche el saquito y la canela.

6. Deje enfriar del todo el kétchup. Sírvalo enseguida o guárdelo en el frigorífico, dentro de un recipiente hermético, un mes como máximo. Si desea conservarlo más tiempo, consulte la página 10. Para congelarlo y guardarlo hasta tres meses, consulte la página 10.

SALSA BARBACOA LLAMEANTE

Perfecta para animar una barbacoa, esta salsa es ideal para hamburguesas, brochetas o alitas de pollo recién sacados de las brasas.

PARA: UNOS 225 ML/ 1 TAZA

PREPARACIÓN: 5 MINUTOS

COCCIÓN: 20 MINUTOS

INGREDIENTES

1 cucharada de aceite de oliva

1 cebolla pequeña, bien picada

2-3 dientes de ajo majados

1 chile jalapeño rojo, bien picado

2 cucharaditas de concentrado de tomate (jitomate)

1 cucharadita de mostaza en grano (o al gusto)

1 cucharada de vinagre tinto

1 cucharada de salsa Worcestershire

2-3 cucharaditas de azúcar moreno

300 ml/1¼ tazas de agua

1. Caliente el aceite en un cazo de base gruesa y sofría a fuego lento la cebolla, el ajo y el chile, removiendo a menudo, 3 minutos o hasta que empiecen a ablandarse. Aparte el cazo del fuego.

2. Mezcle el concentrado de tomate con la mostaza, el vinagre y la salsa Worcestershire hasta obtener una pasta e incorpórela al sofrito con 2 cucharaditas del azúcar. Mezcle bien e incorpore el agua poco a poco. Rectifique de azúcar.

3. Devuelva el cazo al fuego y lleve la salsa a ebullición, removiendo a menudo. Baje el fuego y cuézala 15 minutos, removiendo de vez en cuando. Aparte el cazo del fuego y deje enfriar del todo la salsa. Sírvala enseguida o guárdela en el frigorífico, dos semanas como máximo, dentro de un recipiente hermético. Si desea conservarla más tiempo, consulte la página 10.

SALSA DULCE DE GUINDILLA

Cuando prepare rollitos de primavera o *wonton*, olvídese de comprar ninguna salsa: hágala en casa en un momento, y además de mucho más buena le saldrá mucho más barata.

PARA: UNOS 150 ML/ ²/₃ DE TAZA

PREPARACIÓN: 5 MINUTOS

COCCIÓN: 25 MINUTOS

INGREDIENTES

4 chiles jalapeños rojos partidos por la mitad
2 dientes de ajo grandes, troceados
1 trozo de jengibre de 2,5 cm/ 1 in, troceado
150 ml/²/₃ de taza de vinagre de vino de arroz o de manzana
150 g/¾ de taza de azúcar
150 ml/²/₃ de taza de agua
2 cucharadas de copos de guindilla majados
¼ de cucharadita de sal

1. Ponga en la picadora la guindilla, el ajo y el jengibre, y accionela a intervalos hasta que todo quede bien picado, pero no triturado, si fuera necesario raspando con una espátula lo que quede adherido a las paredes del recipiente. Si lo prefiere, pique bien la guindilla, el ajo y el jengibre con un cuchillo afilado.

2. Añada el vinagre, el azúcar y el agua, y mezcle bien.

3. Páselo a un cazo de base gruesa y caliéntelo a fuego fuerte. Añada los copos de guindilla y la sal, y remueva para que se disuelva el azúcar.

4. Lleve la salsa a ebullición sin removerla. Baje el fuego a medio-lento, removiendo, y cuézala unos 20 minutos, hasta que se espese.

5. Vierta la salsa en un bol y déjela enfriar del todo, removiendo de vez en cuando. Sírvala enseguida o guárdela en el frigorífico dos semanas como máximo, dentro de un recipiente hermético. Si desea conservarla más tiempo, consulte la página 10.

19

SALSA PICO DE GALLO PICANTE

Esta sencilla salsa mexicana fusiona sabores fuertes y frescos, y aporta un punto picante irresistible a todo tipo de platos, desde unos nachos hasta unas fajitas.

PARA: UNOS 175 ML/ 3²/₄ TAZAS

PREPARACIÓN: 10 MINUTOS

COCCIÓN: NINGUNA

INGREDIENTES

150 ml/²/₃ de taza de tomate (jitomate) triturado o salsa de tomate (jitomate)

2 cucharadas de zumo (jugo) de lima (limón) o naranja recién exprimido, o al gusto

2 dientes de ajo grandes, encurtidos o frescos, majados

½ cebolla bien picada

2 cucharadas de chiles jalapeños encurtidos bien picados

½ cucharadita de chile ancho molido

1 puñadito de hojas de cilantro bien picadas, para adornar

sal y pimienta al gusto

1. En un bol que no sea metálico, mezcle el concentrado de tomate con el zumo de lima; salpimiente. Añada el resto de los ingredientes excepto el cilantro.

2. La salsa puede servirse enseguida, pero si la deja reposar 30 minutos a temperatura ambiente se potenciarán los sabores. Remuévala antes de servirla y rectifique de zumo de lima, sal y pimienta. Adórnela con el cilantro picado en el último momento.

3. Si sobrara salsa, cúbrala con una capa de aceite de oliva, tápela y guárdela en el frigorífico, tres días como máximo. Remuévala para mezclarla con el aceite antes de servirla y adórnela con más cilantro picado.

¡GRAN IDEA!

¿Poco picante? Sustituya los chiles jalapeños por guindillas tailandesas, o añádale ½ cucharadita de Salsa tórrida de Luisiana (receta en la página 80).

SALSA ROADHOUSE ARDIENTE

Salada y dulce a la vez, y con el punto picante de la cayena, esta sustanciosa salsa le va de maravilla al buey a la parrilla. También es un magnífico adobo para las chuletas de cerdo.

PARA: UNOS 350 ML/ 1½ TAZAS

PREPARACIÓN: 10 MINUTOS

COCCIÓN: 50 MINUTOS

INGREDIENTES

400 g/14½ oz de tomate (jitomate) troceado de lata

150 ml/⅔ de taza de caldo de carne

4 dientes de ajo picados

1 cebolla roja, bien picada

175 g/1 taza y 2 cucharadas de pasas

4 cucharadas de salsa Worcestershire

1 cucharada de extracto de carne

1 cucharada de mostaza molida, disuelta en 1 cucharada de agua

2 cucharadas de vinagre de vino blanco

1 cucharada de jarabe de maíz (elote, choclo)

1 cucharada de azúcar moreno

½ cucharadita de cayena molida

la ralladura fina de 1 naranja

sal y pimienta al gusto

1. Mezcle todos los ingredientes en un cazo de base gruesa y salpimiente. Caliéntelo a fuego fuerte, removiendo para disolver el jarabe de maíz y el azúcar. Llévelo a ebullición, baje el fuego al mínimo y cuézalo, removiendo a menudo, 30 minutos o hasta que todo esté bien mezclado y las pasas se deshagan.

2. Triture la salsa en la batidora o el robot de cocina. Tamícela en el cazo limpio pasándola por un colador de malla fina, presionando con una cuchara de madera y raspando el colador por debajo para aprovecharla al máximo.

3. Lleve la salsa a ebullición a fuego medio. Baje el fuego a medio-lento y cuézala, sin tapar, 15 minutos o hasta que se espese y se reduzca. Viértala en un bol y deje que se enfríe del todo. Rectifique de sal y pimienta.

4. Sirva la salsa enseguida o guárdela en el frigorífico, tres semanas como máximo, dentro de un recipiente hermético. Si desea conservarla más tiempo, consulte la página 10.

SALSA SATAY ENCENDIDA

La tradicionalmente suave salsa de cacahuete se transforma aquí por la acción de la pasta indonesia de guindilla *sambal oelek*. Encontrará este producto en establecimientos asiáticos, con distintos grados de picante según la marca.

PARA: UNOS 175 ML/ 3²/4 TAZAS

PREPARACIÓN: 10 MINUTOS

COCCIÓN: 5 MINUTOS

INGREDIENTES

2 cucharadas de aceite de girasol

2 chalotes (echalotes) bien picados

1 diente de ajo grande, picado

1 trozo de jengibre de 2,5 cm/ 1 in, bien picado

1-3 cucharaditas de *sambal oelek*

100 g/1 taza de leche de coco

5 cucharadas de crema de cacahuete (maní) crujiente

1 cucharadita de pasta de tamarindo o zumo (jugo) de lima (limón) recién exprimido, o al gusto

1 cucharadita de salsa de soja oscura, o al gusto

4 cucharadas de agua, si fuera necesario

4 chiles jalapeños rojos, sin las semillas y en rodajitas

sal y pimienta al gusto

1. Caliente el aceite en un wok a fuego fuerte hasta que humee. Saltee el chalote con el ajo y el jengibre 1 o 2 minutos, o hasta que el chalote esté tierno y empiece a dorarse. Eche el *sambal oelek* y siga salteando 30 segundos más.

2. Añada la leche de coco y la crema de cacahuete, y remueva para mezclarlo todo bien. Incorpore la pasta de tamarindo y la salsa de soja, salpimiente y remueva 2 o 3 minutos más a fuego medio. Si la salsa se cortara, eche el agua y bata bien. Añada la guindilla y remueva. Rectifique de sal, pimienta, pasta de guindilla, pasta de tamarindo y salsa de soja.

3. Sirva la salsa caliente o a temperatura ambiente, o déjela enfriar del todo y guárdela en el frigorífico, dentro de un recipiente hermético, una semana como máximo.

¡GRAN IDEA!

Si compra por primera vez una marca de *sambal oelek*, tenga cuidado: eche poco y añada más al final en función de lo que quiera que pique su salsa.

SALSA DE TOMATE ASADO Y PIMENTÓN

Esta salsa de tomate aderezada con pimentón y jerez le parecerá deliciosa con unos nachos, una tortilla de patata o unas patatas fritas.

PARA: UNOS 175 ML/ ¾ DE TAZA

PREPARACIÓN: 10 MINUTOS

COCCIÓN: 45 MINUTOS

INGREDIENTES

6 tomates (jitomates) en rama maduros

1 pimiento (ají, morrón) rojo cortado en cuartos

1 diente de ajo sin pelar

1 cebolla roja cortada en cuartos

4 cucharadas de aceite de oliva

1 chile jalapeño rojo pequeño, triturado

1 cucharadita de pimentón picante

1 cucharada de jerez

sal y pimienta al gusto

1. Precaliente el horno a 180 °C (350 °F).

2. Extienda las hortalizas en la bandeja del horno, píntelas con aceite y áselas en el horno precalentado, dándoles la vuelta una vez, unos 45 minutos o hasta que se chamusquen.

3. Deje enfriar las hortalizas asadas hasta que pueda manipularlas. Pele los tomates, el pimiento y el ajo. Triture en el robot de cocina el tomate, el pimiento, el ajo y la cebolla hasta obtener una consistencia no del todo suave.

4. Vierta la salsa en un cuenco de servicio e incorpórele el chile, el pimentón y el jerez. Salpimiente. Sirva la salsa enseguida o déjela enfriar del todo y guárdela en el frigorífico, dentro de un recipiente hermético, una semana como máximo.

¡GRAN IDEA!

Esta receta también queda deliciosa con madeira en lugar de jerez.

SALSA FUERTE Y CREMOSA DE MOSTAZA

Nadie diría que esta salsa de color clarito pique tanto. Eso se debe a la mezcla de mostaza y cayena molidas, que se notan en la parte posterior de la boca y permanecen allí después de tragar.

PARA: UNOS 225 ML/ 1 TAZA

PREPARACIÓN: 5 MINUTOS

COCCIÓN: 25 MINUTOS

INGREDIENTES

1 cucharada de aceite de oliva

4 chalotes (echalotes) en rodajitas

1 diente de ajo grande, majado

2 cucharadas de mostaza molida

2 cucharaditas de cayena molida

300 ml/1¼ tazas de caldo de carne, pollo o verduras

150 ml/⅔ de taza de nata (crema) fresca espesa o nata (crema) agria

1 cucharada de mostaza a la antigua

zumo (jugo) de limón recién exprimido al gusto (opcional)

sal y pimienta al gusto

1. Caliente el aceite a fuego medio en una sartén que tenga tapa. Eche el chalote, cúbralo con un trozo de papel vegetal arrugado y tape la sartén. Baje el fuego al mínimo y deje sudar el chalote de 5 a 8 minutos, o hasta que esté tierno.

2. Destape la sartén, quite el papel y suba el fuego. Añada el ajo y rehóguelo 1 minuto. Agregue la mostaza y la cayena, y remueva.

3. Incorpore el caldo poco a poco, batiendo con las varillas para que la mostaza no se agrume. Llévelo a ebullición y cuézalo de 5 a 8 minutos, sin dejar de remover, hasta que se reduzca a la mitad.

4. Añada la nata y espere a que vuelva a hervir. Baje el fuego y cueza la salsa 10 minutos, o hasta que se reduzca y esté untuosa. Incorpore la mostaza a la antigua y salpimiente. Si lo desea, aligérela con 1 o 2 cucharaditas de zumo de limón.

5. Sirva la salsa enseguida o déjela enfriar del todo y guárdela en el frigorífico, en un recipiente hermético, dos días como máximo. Sírvala bien caliente.

SALSA DE RÁBANO PICANTE

El fortísimo sabor de esta salsa rápida y fácil se debe al rábano picante rallado. Es un aderezo habitual de los cócteles de marisco, aunque también pueden echarse 1 o 2 cucharadas en una sopa de tomate casera.

PARA: UNOS 175 ML/ ²/₃ DE TAZA

PREPARACIÓN: 10 MINUTOS

COCCIÓN: NINGUNA

INGREDIENTES

125 g/½ taza de kétchup, y quizá un poco más

1 trozo de rábano picante de 2,5 cm/1 in, bien rallado, o 1 cucharada de rábano picante rallado

1 cucharada de zumo (jugo) de limón recién exprimido, o al gusto, y quizá un poco más

pimienta al gusto

1. Mezcle en un cuenco el kétchup con el rábano.

2. Añada el zumo de limón y sazone con pimienta. Remueva y rectifique de zumo de limón.

3. Sirva la salsa enseguida o guárdela en el frigorífico, tres semanas como máximo, dentro de un recipiente hermético. Como al cabo de uno o dos días la salsa empezará a espesarse, antes de servirla deberá aligerarla con un poco más de kétchup o zumo de limón.

SALSA ARRABBIATA

El nombre de esta salsa tradicional italiana significa literalmente «enfadada», debido a la naturaleza rabiosa del chile. Suele servirse con pasta.

PARA: UNOS 600 ML/ 2¹/₂ TAZAS

PREPARACIÓN: 10 MINUTOS

COCCIÓN: 20 MINUTOS

INGREDIENTES

- 2 cucharadas de aceite de oliva
- 2 dientes de ajo picados
- 1 chile serrano rojo, sin las semillas y picado
- 1 cucharada de ralladura de limón
- 450 g/1 lb de tomates (jitomates) maduros, pelados y picados
- 1 cucharada de concentrado de tomate (jitomate), diluido en 150 ml/²/₃ de taza de agua
- 1 pizca de azúcar
- 1 cucharada de vinagre (aceto) balsámico
- 1 cucharada de mejorana picada
- pimienta al gusto

1. Caliente el aceite a fuego medio en una cazuela de base gruesa y sofría el ajo y el chile 1 minuto, sin dejar de remover.

2. Incorpore la ralladura de limón y añada el tomate y el concentrado diluido. Eche el azúcar y llévelo a ebullición. A continuación, baje el fuego y cueza la salsa 12 minutos. Sazónela con pimienta.

3. Añada el vinagre y la mejorana, y prosiga con la cocción 5 minutos más. Sirva la salsa enseguida o déjela enfriar del todo y guárdela en el frigorífico, dentro de un recipiente hermético, una semana como máximo.

¡GRAN IDEA!

Se recomienda comer esta salsa con macarrones. Repártala por encima de la pasta con una cuchara y esparza luego perejil picado y parmesano.

SALSA DE CHILE CON CARNE

El chile con carne nunca pasa de moda, y esta versión hecha con chile ancho ahumado y cayena molidos es auténticamente explosiva.

PARA: UNOS 600 ML/
2½ TAZAS

PREPARACIÓN:
10 MINUTOS

COCCIÓN:
20 MINUTOS

INGREDIENTES

2 cucharadas de aceite de girasol

1 cebolla bien picada

1 pimiento (ají, morrón) rojo, sin las semillas y picado

2 dientes de ajo grandes, picados

2 cucharaditas de chile ancho ahumado molido

2 cucharaditas de cilantro molido

2 cucharaditas de comino molido

1½ cucharaditas de cayena molida, o al gusto

400 g/14½ oz de tomate (jitomate) troceado de lata

350 ml/1½ tazas de tomate (jitomate) triturado o salsa de tomate (jitomate)

1 cucharada de tomillo, mejorana u orégano

½ cucharadita de azúcar

sal y pimienta al gusto

1. Caliente el aceite en una sartén grande a fuego medio-fuerte. Rehogue la cebolla y el pimiento, removiendo, de 3 a 5 minutos, hasta que se ablanden. Eche el ajo, el chile, el cilantro, el comino y la cayena, y siga rehogando 1 minuto más.

2. Añada el tomate troceado, el concentrado, el tomillo y el azúcar, y salpimiente. Llévelo a ebullición, removiendo, baje el fuego hasta que la salsa apenas borbotee y cuézala de 15 a 20 minutos, hasta que se reduzca a la mitad.

3. Triture la salsa en el robot de cocina.

4. Sirva la salsa enseguida o déjela enfriar del todo y guárdela en el frigorífico, dentro de un recipiente hermético, tres días como máximo. Para congelarla y guardarla hasta tres meses, consulte la página 10.

¡GRAN IDEA!

Haga el doble de salsa y congélela en porciones para preparar reconfortantes chiles con carne para cenas invernales.

SALSA DE GUINDILLA A LA CERVEZA

Suba el tono de cualquier barbacoa con esta salsa, que es pura guindilla. Sin duda solo para adultos, lleva cerveza, melaza, cayena y chiles ancho seco y jalapeño fresco, y no tiene nada que ver con sus versiones dulzonas.

PARA: UNOS 450 ML/ 2 TAZAS

PREPARACIÓN: 10 MINUTOS

COCCIÓN: 45 MINUTOS

INGREDIENTES

2 cucharadas de aceite de girasol

1 cebolla roja bien picada

1 cucharada de chile ancho molido

1½ cucharaditas de cayena molida

250 ml/1 taza de kétchup

4 cucharadas de melaza (miel de caña)

2 cucharadas de azúcar moreno

2 cucharaditas de sal

¼ de cucharadita de pimienta

325 ml/1⅓ tazas de cerveza rubia

2 cucharadas de vinagre de manzana o de vino tinto

2 cucharadas de salsa Worcestershire

3 chiles jalapeños rojos o verdes, o una mezcla de ambos, picados

1. Caliente el aceite en un cazo a fuego medio-fuerte. Sofría la cebolla de 3 a 5 minutos, o hasta que esté tierna. Después, eche el chile y la cayena, y remueva 30 segundos. Añada el resto de los ingredientes excepto los chiles jalapeños, y remueva hasta que el kétchup, la melaza y el azúcar estén bien mezclados.

2. Llévelo a ebullición, espumándolo si fuera necesario. Añada los jalapeños. Baje el fuego y cueza la salsa, espumándola y removiéndola de vez en cuando, unos 30 minutos o hasta que adquiera una consistencia untuosa.

3. Triture la salsa en el robot de cocina. Tamícela en un cazo pasándola por un colador, presionándola con una cuchara de madera y raspando el colador por debajo para aprovecharla al máximo.

4. Sirva la salsa enseguida o déjela enfriar del todo y guárdela en el frigorífico, dentro de un recipiente hermético, dos semanas como máximo. Si desea conservarla más tiempo, consulte la página 10.

ABRASADORA SALSA VERDE TAILANDESA

Tenga esta salsa en la nevera y podrá disfrutar de un delicioso curry con todo el sabor de Tailandia siempre que le apetezca. Se recomienda sobre todo para aderezar currys de aves y vegetales.

PARA: UNOS 350 ML/ 1½ TAZAS

PREPARACIÓN: 10 MINUTOS

COCCIÓN: 15 MINUTOS

INGREDIENTES

2 cucharadas de aceite de girasol

400 ml/1¾ tazas de leche de coco

1 cucharada de salsa de pescado tailandesa, o al gusto

zumo (jugo) de lima (limón) y pimienta, al gusto

PASTA DE CURRY VERDE

6 guindillas verdes tailandesas, sin el rabillo y troceadas

4 ramitas de cilantro

4 cebolletas (cebollas tiernas) y 2 chiles serranos verdes, picados

2 dientes de ajo picados

2 tallos de limoncillo, pelados y picados

1 hoja de lima (limón) kafir o la ralladura fina de 1 lima (limón)

1 trozo de jengibre de 2,5 cm/ 1 in, picado

1 cucharada de aceite de girasol

1 cucharadita de cilantro molido

1. Triture todos los ingredientes de la pasta de curry en el robot de cocina o la batidora hasta obtener una pasta espesa.

2. Caliente el aceite a fuego fuerte en un wok. Saltee la pasta de curry 4 o 5 minutos, o hasta que desprenda aroma.

3. Vierta la leche de coco y la salsa de pescado, y sazone con pimienta. Baje el fuego y cuézalo, removiendo de vez en cuando, unos 10 minutos o hasta que los sabores se desplieguen y la salsa se reduzca. Añada el zumo de lima y rectifique de salsa de pescado y pimienta.

4. Sirva la salsa enseguida o déjela enfriar del todo y guárdela en el frigorífico, dentro de un recipiente hermético, tres días como máximo.

ACEITE DE GUINDILLA AL AJO

El aceite de guindilla es un condimento que va bien a muchos platos, desde pizzas y pasta hasta el mexicano chile con carne. Cuanto más lo deje reposar, más picante se pondrá.

PARA: UNOS 225 ML/ 1 TAZA

PREPARACIÓN: 5 MINUTOS

COCCIÓN: 2 HORAS

INGREDIENTES

5 dientes de ajo partidos por la mitad a lo largo

2 cucharadas de chile jalapeño rojo picado

1 cucharadita de orégano

225 ml/1 taza de aceite de su elección

1. Precaliente el horno a 150 °C (300 °F). Ponga en una jarra medidora o un bol refractarios los ajos, el chile y el orégano, y añada el aceite. Ponga la jarra en un molde para tarta en el centro del horno y caliente el aceite de 1½ a 2 horas, hasta que alcance una temperatura de 120 °C (250 °F).

2. Saque la jarra del horno, deje enfriar el aceite y cuélelo en una jarra limpia con un colador forrado con muselina. Guárdelo en el frigorífico, herméticamente tapado, un mes como máximo. Si lo desea, deje el ajo y las guindillas en el aceite y cuélelo antes de servirlo.

¡GRAN IDEA!

Tenga mucho cuidado cuando caliente el aceite en el paso 1. Asegúrese de que la jarra medidora o el bol sean refractarios y póngase unas manoplas para sacarlos del horno cuando el aceite alcance la temperatura necesaria.

CALIENTE, CALIENTE...

¡Aquí dentro se cuece algo! 46

Salsa infernal de chipotle a la lima 48

Llameante salsa gumbo criolla 50

Harissa 52

Salsa texana de guindilla 54

Chimichurri para emociones fuertes 56

Salsa verde al rojo vivo 58

Una vida con más chispa 60

Salsa tailandesa de curry rojo 62

Salsa de chile serrano al cilantro 64

Salsa *gochujang* 66

Salsa para nachos no apta para cualquiera 68

Mole abrasador 70

Salsa *teriyaki* con genio 72

Salsa de curry incandescente 73

¡AQUÍ DENTRO SE CUECE ALGO!

Por su tamaño, las guindillas parecen insignificantes, y algunas de las más fuertes engañan vistas desde fuera. Sin embargo, al partirlas por la mitad revelan su fascinante anatomía.

CÁLIZ
La base estructural de la guindilla, y la parte por la que florece.

PEDÚNCULO
Básicamente una forma más fina de llamar al rabillo. No se come.

EXOCARPIO
La capa protectora de piel que envuelve la guindilla.

SEMILLAS

Al contrario de lo que se suele oír, no son lo más picante de la guindilla, aunque al estar tan cerca de la glándula de capsaicina (abajo) absorben buena parte de su picor.

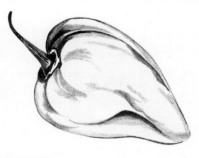

PLACENTA

Como sugiere el nombre, este es el origen biológico de la guindilla, desde las semillas del interior hasta el propio fruto. En función de la variedad, las guindillas tienen la placenta blanca, amarilla o roja.

MESOCARPIO

Esta capa carnosa protege el interior de la guindilla y confiere estructura al fruto.

GLÁNDULA DE CAPSAICINA

La parte más picante de la guindilla. Esta glándula, que nace en la placenta y atraviesa todo el fruto, produce capsaicina, la sustancia que provoca el ardor.

ENDOCARPIO

Al rozar con la glándula de capsaicina, la parte interior de la guindilla también es picante.

SALSA INFERNAL DE CHIPOTLE A LA LIMA

Los chiles chipotle morita y la guindilla majada aportan a esta salsa un sabor ahumado que recuerda a los alimentos hechos a la brasa, por no hablar del subido punto picante. La acidez de la lima pone el contrapunto refrescante a todo eso. Una salsa indicada para aderezar guisos de carne.

PARA: UNOS 300 ML/ 1¼ TAZAS

PREPARACIÓN: 10 MINUTOS, MÁS REPOSO

COCCIÓN: 10 MINUTOS

INGREDIENTES

4 cucharadas de aceite vegetal

1 cebolla bien picada

2 dientes de ajo grandes, majados

1 cucharadita de canela molida

½ cucharadita de pimienta de Jamaica molida

½ cucharadita de comino molido

8 chiles chipotle morita o meco secos, o una mezcla, tostados, remojados (véase la página 82), sin el rabillo y con el agua del remojo reservada

1 cucharada de copos de guindilla majados

1 cucharadita de orégano mexicano o mejorana

1 cucharadita de tomillo

la ralladura fina de 1 lima (limón) grande

2 cucharadas de zumo (jugo) de lima (limón) recién exprimido, o al gusto

sal y pimienta al gusto

1. Caliente el aceite en una sartén a fuego medio. Sofría la cebolla, removiendo, de 3 a 5 minutos, o hasta que se ablande. Añada el ajo, la canela, la pimienta de Jamaica y el comino, y rehogue 1 minuto. Tritúrelo en el robot de cocina o la batidora.

2. Trocee los chiles y añádalos al robot junto con los copos de guindilla, el orégano y el tomillo. Salpimiente. Tritúrelo hasta obtener una pasta, si fuera necesario raspando con una espátula lo que quede adherido a las paredes del recipiente. Añada 1 o 2 cucharadas del agua del remojo y tritúrelo hasta obtener una salsa homogénea y espesa.

3. Pase la salsa a un cazo y llévela a ebullición sin dejar de remover. Cuézala 2 o 3 minutos, o hasta que se espese. Incorpore la ralladura y el zumo de lima. Rectifique de sal, pimienta y zumo de lima.

4. Ya puede servir la salsa, aunque estará aún más rica si la deja enfriar y luego la guarda en la nevera, en un recipiente hermético, al menos un día. Se conserva hasta dos semanas en el frigorífico. Si desea conservarla más tiempo, consulte la página 10.

LLAMEANTE SALSA GUMBO CRIOLLA

Los gumbos de Luisiana pueden ser poco o muy picantes, y esta salsa es para paladares a prueba de bombas. A la «santísima trinidad» de la cocina criolla (apio, cebolla y pimientos verdes o rojos) se le añaden guindillas verdes tailandeses y cayena.

PARA: UNOS 600 ML/ 2½ TAZAS

PREPARACIÓN: 10 MINUTOS

COCCIÓN: 1¼ HORAS

INGREDIENTES

4 cucharadas de aceite vegetal

4 cucharadas de harina

2 ramas de apio, 1 cebolla grande, 1 pimiento (ají, morrón) verde y 1 rojo, picados

4 dientes de ajo grandes majados

2 guindillas tailandesas verdes picadas

1 cucharadita de cayena molida

1 cucharadita de pimentón dulce ahumado

700 ml/3 tazas de caldo de pollo

400 g/14½ oz de tomate (jitomate) troceado de lata

450 g/1 lb de quingombós (gumbos) en rodajitas

2 hojas de laurel

1 cucharadita de sal

1 cucharadita de tomillo

½ cucharadita de mejorana

1 pizca de pimienta

½ cucharadita de Salsa tórrida de Luisiana (página 80) u otra salsa picante (opcional)

1. Caliente el aceite en una cazuela a fuego medio-fuerte. Eche la harina y remueva bien con las varillas para que no se agrume. Fría la harina, batiendo, unos 10 minutos o hasta que tome un color avellana oscuro.

2. Añada el apio, la cebolla y el pimiento, baje el fuego y remueva de 5 a 8 minutos, o hasta que las hortalizas se ablanden. Incorpore el ajo, la guindilla, la cayena y el pimentón, y siga rehogando 1 minuto más.

3. Agregue el caldo, el tomate, los quingombós, el laurel, la sal, el tomillo, la mejorana y la pimienta. Tápelo y llévelo a ebullición. A continuación, baje el fuego y cueza la salsa 1 hora, o hasta que se espese. Rectifique de pimienta y, si prefiere darle un punto más picante, añada la salsa opcional.

4. Sirva la salsa enseguida o déjela enfriar del todo y guárdela en el frigorífico, dentro de un recipiente hermético, dos días como máximo. Para congelarla y guardarla hasta un mes, consulte la página 10.

HARISSA

Haga esta salsa con las guindillas que tenga a mano: en función de la variedad, el color oscilará entre el rojo intenso y el marrón rojizo. Al cabo de unos días, el aceite de encima habrá absorbido parte del picante de la salsa y será fantástico para aderezar ensaladas.

PARA: UNOS 175 ML/ ³/₄ DE TAZA

PREPARACIÓN: 5 MINUTOS, MÁS REMOJO

COCCIÓN: 1-2 MINUTOS

INGREDIENTES

12 chiles rojos secos, como ajíes, guajillos o pasilla, o una mezcla

1 cucharada de copos de guindilla aleppo majados

125 ml/½ taza de aceite de oliva, y quizá un poco más

1 cucharadita de cada de semillas de alcaravea (comino, hinojo de prado) y de comino

½ cucharadita de semillas de hinojo

2 chiles jalapeños rojos, picados

sal y pimienta al gusto

1. Ponga los chiles en un bol refractario, viértales agua hirviendo encima y déjelos 15 minutos en remojo. Escúrralos bien y séquelos con un paño. Cuando se hayan enfriado y pueda manipularlos, quíteles el rabillo y píquelos.

2. Ponga el picadillo de chiles en un bol y añada los copos de guindilla y el aceite. Déjelo reposar durante 1 hora.

3. Mientras tanto, caliente una sartén a fuego medio-fuerte. Tueste las semillas de alcaravea, comino e hinojo 1 o 2 minutos, o hasta que desprendan su aroma. Májelas en el mortero.

4. Triture en la picadora o la batidora el picadillo de chiles con su aceite, las semillas majadas, los chiles jalapeños, sal y pimienta. Rectifique la sazón. Si fuera necesario, añada un poco de aceite en un hilo para espesar la salsa.

5. Sirva la salsa enseguida o cúbrala con una capa de aceite y guárdela en el frigorífico, dos semanas como máximo, dentro de un recipiente hermético.

SALSA TEXANA DE GUINDILLA

El chile con carne de Texas, conocido como Big Red, no lleva alubias, sino solo carne, por lo que necesita una salsa bien sabrosa, como esta versión tan picante y aromática. Esta salsa también sirve para hacer otros tipos de chile que sí lleven legumbres y hortalizas.

PARA: UNOS 700 ML/ 3 TAZAS

PREPARACIÓN: 10 MINUTOS

COCCIÓN: 30 MINUTOS

INGREDIENTES

2 cucharadas de aceite vegetal

1 cebolla roja picada

2 dientes de ajo grandes, picados

1 chile serrano verde, partido por la mitad a lo largo

1 cucharada de azúcar moreno

2 cucharaditas de comino molido

2 cucharaditas de orégano mexicano o tomillo

2 chiles chipotle morita, 1 chile guajillo y 1 chile rojo de Nuevo México, todos ellos secos, tostados, remojados, sin las semillas y picados (véase la página 82)

400 g/14½ oz de tomate (jitomate) troceado de lata

125 ml/½ taza de caldo de carne

125 ml/½ taza de café cargado

sal y pimienta al gusto

1. Caliente el aceite en un cazo a fuego medio-fuerte. Sofría la cebolla de 3 a 5 minutos, o hasta que se ablande. Añada el ajo, el chile serrano, el azúcar, el comino y el orégano, y rehogue 1 minuto más.

2. Triture el sofrito en el robot de cocina o la batidora. Añada el resto de los chiles, el tomate, el caldo y el café, y salpimiente. Tritúrelo bien, si fuera necesario raspando con una espátula lo que quede adherido a las paredes del recipiente.

3. Devuelva la salsa al cazo y llévela a ebullición. Baje el fuego, tape el cazo y cueza la salsa 15 minutos, removiendo de vez en cuando. Rectifique la sazón.

4. Sirva la salsa enseguida o déjela enfriar del todo y guárdela en el frigorífico, dentro de un recipiente hermético, tres días como máximo. Para congelarla y guardarla hasta tres meses, consulte la página 10.

CHIMICHURRI PARA EMOCIONES FUERTES

En Latinoamérica el chimichurri no puede faltar en ninguna barbacoa que se precie. Se trata de una salsa fresca y picante de hierbas y guindilla. Nuestra versión lleva guindilla tailandesa para que pique aún más. Sírvala con carne asada o bastoncillos de hortalizas para mojar.

PARA: UNOS 175 ML/ ¾ DE TAZA

PREPARACIÓN: 5 MINUTOS, MÁS MARINADA

COCCIÓN: NINGUNA

INGREDIENTES

30 g/¾ de taza de hojas de cilantro

30 g/½ taza de hojas de perejil

4 dientes de ajo troceados

1-2 guindillas verdes tailandesas, bien picadas

1 cucharadita de copos de guindilla

1 cucharadita de orégano mexicano o tomillo (opcional)

125 ml/½ taza de aceite vegetal

4 cucharadas de vinagre de vino tinto o blanco

sal y pimienta al gusto

1. Ponga en el robot de cocina el cilantro, el perejil, el ajo, la guindilla tailandesa, los copos de guindilla y, si lo desea, el orégano. Salpimiente y píquelo bien, si fuera necesario raspando con una espátula lo que quede adherido a las paredes del recipiente. No lo triture demasiado, ya que debe notarse cierta textura.

2. Con el motor en marcha, incorpore el aceite poco a poco. Añada el vinagre y rectifique la sazón.

3. Puede servir la salsa enseguida, aunque estará más rica si la enfría en la nevera, dentro de un recipiente hermético, tres horas como mínimo para que se potencien los sabores. Si lo cubre con una capa de aceite, el chimichurri aguantará hasta tres días en el frigorífico, aunque perderá color. Quite el aceite antes de servir la salsa.

¡GRAN IDEA!

Si prefiere trabajar a mano, pique bien el cilantro, el perejil y el ajo, y mézclelos bien en un bol que no sea metálico.

SALSA VERDE AL ROJO VIVO

Los nachos con salsa comprada le parecerán un aburrimiento cuando haya probado esta receta, una auténtica bomba con sus chiles jalapeños y su pimentón ahumado. Es ácida y picante, y su bonito color verde quedará aún más apetitoso en una salsera de un color que contraste.

PARA: UNOS 400 ML/ 1³/₄ TAZAS

PREPARACIÓN: 10 MINUTOS

COCCIÓN: NINGUNA

INGREDIENTES

450 g/11 oz de tomatillos de lata, troceados

4 cebolletas (cebollas tiernas o de verdeo) picadas

2 dientes de ajo grandes, troceados

2 cucharadas de chiles jalapeños encurtidos picados

1 puñado de hojas de cilantro bien picadas, y para adornar

zumo (jugo) de lima (limón) recién exprimido al gusto

miel al gusto

½ cucharadita de pimentón ahumado picante

sal y pimienta al gusto

1. Ponga los tomatillos, la cebolleta, el ajo, el picadillo de chile y el cilantro en el robot de cocina, y tritúrelo a intervalos cortos hasta que todo quede picado, pero no hecho puré.

2. Vierta la salsa en un bol. Salpimiéntela y condiméntela con zumo de lima y miel al gusto. Luego, incorpore el pimentón.

3. Sirva la salsa enseguida o guárdela en el frigorífico, dentro de un recipiente hermético, cuatro días como máximo, aunque a los tres días empezará a estropearse su color. Adórnela con el cilantro picado en el último momento.

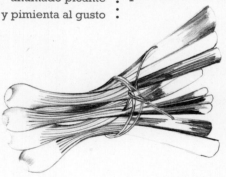

UNA VIDA CON MÁS CHISPA

Las guindillas son solo una forma de añadir picante a los platos.
¿Por qué no echar un vistazo a algunas de esas otras especias y pastas
que aromatizan las recetas de salsas ardientes de todo el mundo?

HARISSA

Es una pasta de un
rojo oscuro de la que
existen muchas varia-
ciones. Especialidad de
la cocina norteafricana,
aporta a los platos calor
y sabor. Los ingredien-
tes fundamentales son
la guindilla, el aceite y
las semillas de alcaravea.
Prepárela en casa (receta
en la página 52) o cóm-
prela en supermercados
bien abastecidos o tiendas
de alimentación asiática.

RÁBANO PICANTE

Este rábano, una raíz
blanca y gruesa, recién
rallado posee un fuerte
sabor picante. Si se adereza
con zumo de limón, aún se potencia
más ese matiz tan fuerte. Si lo compra
preparado, evite el que se vende en
salsa de nata y el encurtido.

MOSTAZA

La más fuerte para hacer salsas es la mostaza molida de color amarillo brillante. Para que no se agrume, fríala como si fuera harina y luego mézclela con los líquidos.

PIMENTÓN

Producido en España, Hungría y otros países, el pimentón se obtiene de la molienda de pimientos rojos secos. Lo hay dulce y picante, además de ahumado, que se elabora con pimientos secos ahumados.

SAMBAL OELEK

Es una pasta roja originaria del sudeste asiático; se elabora con guindilla, sal y zumo de cítricos o vinagre, y se comercializa con distintos grados de picante. La encontrará en grandes supermercados y tiendas de alimentación asiática.

PIMIENTA DE SICHUAN

Es una pimienta en grano de un marrón rojizo que resulta inconfundible: el picor se mezcla con una sensación persistente de cosquilleo en la lengua y las mejillas.

WASABI

El a veces llamado «rábano picante japonés», de color verde, se obtiene de una raíz y es muy fuerte. Es acre y picante, y se vende en forma de pasta o molido.

SALSA TAILANDESA DE CURRY ROJO

Aunque las pastas de curry compradas suelen ser de un rojo vivo, las caseras son algo más apagadas. Esta receta lleva pimentón picante, para realzar tanto el color como el sabor.

PARA: UNOS 450 ML/ 2 TAZAS

PREPARACIÓN: 30 MINUTOS

COCCIÓN: 10 MINUTOS

INGREDIENTES

2 cucharadas de aceite de girasol

400 ml/1¾ tazas de leche de coco

1 cucharada de salsa de pescado tailandesa, o al gusto

1 cucharada de zumo (jugo) de lima (limón) recién exprimido, o al gusto

1 cucharada de salsa de soja oscura, o al gusto

4 guindillas tailandesas, rojas o verdes, en rodajitas

pimienta al gusto

PASTA DE CURRY ROJO

24 guindillas tailandesas secas

2 dientes de ajo picados

2 chalotes (echalotes) grandes picados

1 tallo de limoncillo picado

1 trozo de jengibre de 2,5 cm/ 1 in, bien picado

1 trozo de galanga (jengibre de Siam) de 2,5 cm/1 in (o más jengibre), troceado

2 cucharaditas de pimentón picante, y 2 de cilantro y 1 de comino molidos

1. Para preparar la pasta de curry, remoje las guindillas en agua caliente 20 minutos, o hasta que se ablanden. Para que queden hundidas, póngales un plato encima.

2. Saque las guindillas reservando el agua del remojo. Píquelas y póngalas en la picadora o el robot de cocina.

3. Añada el resto de los ingredientes de la pasta y tritúrelo, si fuera necesario raspando con una espátula lo que quede adherido a las paredes del recipiente, hasta obtener una pasta espesa.

4. Caliente el aceite en un wok a fuego fuerte. Eche 3 cucharadas de la pasta de curry y fríala 30 segundos. Añada la leche de coco, la salsa de pescado, el zumo de lima y la salsa de soja. Salpimiente y llévelo a ebullición sin dejar de remover. Baje el fuego y cueza la salsa 5 minutos. Incorpore la guindilla. Rectifique de pasta de curry, salsa de pescado, zumo de lima, salsa de soja y pimienta.

5. Sirva la salsa enseguida o déjela enfriar del todo y guárdela en el frigorífico, dentro de un recipiente hermético, tres días como máximo.

SALSA DE CHILE SERRANO AL CILANTRO

Si quiere que la salsa le quede fina como la mayonesa, hágala en el robot. Si la prefiere más basta, como el guacamole, hágala a mano. Sea como sea, esta es la salsa ideal para el marisco frito o, como alternativa al guacamole, en tacos y burritos.

PARA: UNOS 225 ML/ 1 TAZA

PREPARACIÓN: 10 MINUTOS

COCCIÓN: NINGUNA

INGREDIENTES

5 cucharadas de aceite de girasol

3 cucharadas de zumo (jugo) de lima (limón) recién exprimido, o al gusto

1 cucharadita de miel, o al gusto

1 aguacate (palta) maduro troceado

2 chiles serranos rojos o verdes, sin las semillas y bien picados

1 trozo de jengibre de 2,5 cm/ 1 in, bien rallado

1 puñadito de hojas de cilantro troceadas

sal y pimienta al gusto

1. Ponga 3 cucharadas del aceite, el zumo de lima y la miel en la picadora, salpimiente y tritúrelo. Añada el aguacate y el resto del aceite, y tritúrelo hasta obtener un puré.

2. Ponga el picadillo de chile, el jengibre y el cilantro en la picadora, y tritúrelo, a intervalos cortos, hasta que todo esté bien picado y mezclado.

3. Si prefiere preparar la salsa a mano, ponga 3 cucharadas del aceite, el zumo de lima y la miel en un bol que no sea metálico, salpimiente y bátalo con las varillas. Chafe el aguacate con un tenedor y añádalo, junto con el chile, el jengibre, el cilantro y el resto del aceite.

4. Rectifique de sal, pimienta, miel y zumo de lima. Sirva la salsa enseguida.

¡GRAN IDEA!

Al contrario que otras salsas picantes, esta es mejor servirla recién hecha, porque su color se empieza a estropear a los 30 minutos.

SALSA GOCHUJANG

En primavera los cocineros coreanos preparan *gochujang*, una pasta fermentada de guindilla y habas de soja, para surtir a la familia entera todo el año. Esta salsa es un estupendo adobo, y también sirve para mojar bastoncillos de hortalizas o para cocinar carnes y aves.

PARA: UNOS 150 ML/ 2/3 DE TAZA

PREPARACIÓN: 5 MINUTOS

COCCIÓN: NINGUNA

INGREDIENTES

5 cucharadas de pasta *gochujang*

2 cucharaditas de pasta de guindilla

2 cucharadas de azúcar

2 cucharadas de agua caliente

2 cucharada de salsa de soja clara

1 cucharadita de vinagre de arroz

1 cucharadita de aceite de sésamo tostado

1. Mezcle en un bol refractario la pasta *gochujang* con la pasta de guindilla y el azúcar. Incorpore el agua, removiendo para mezclarlo todo, y diluya el azúcar y la pasta.

2. Incorpore la salsa de soja, el vinagre y el aceite de sésamo. Deje enfriar la salsa del todo.

3. Sírvala enseguida o guárdela en el frigorífico, dos semanas como máximo, dentro de un recipiente hermético. Si desea preparar más cantidad y conservarla más tiempo, siga las instrucciones de la página 10.

¡GRAN IDEA!

Esta receta combina el auténtico sabor de la pasta *gochujang* con la comodidad de utilizarla envasada. El producto se vende en recipientes de plástico en establecimientos asiáticos. No puede faltar en ninguna barbacoa coreana que se precie, ni como aderezo del *bibimbap*.

SALSA PARA NACHOS NO APTA PARA CUALQUIERA

Una salsa fina y cremosa a la que la mostaza molida, la salsa picante y los chiles picaditos confieren distintas capas de ardor. Y no sirve solo para nachos: también es perfecta para aderezar platos de pasta o unas patatas cocidas.

PARA: UNOS 300 ML/ 1¹/₄ TAZAS

PREPARACIÓN: 5 MINUTOS

COCCIÓN: 15 MINUTOS

INGREDIENTES

125 g/1 taza de cheddar curado rallado

3 cucharadas de maicena

1 cucharada de mostaza molida

250 ml/1 taza de leche

2 cucharadas de queso cremoso

2 cucharaditas de Salsa tórrida de Luisiana (página 80), *Sriracha* extrapicante (página 92) u otra salsa picante al gusto

2 chiles jalapeños rojos o verdes, bien picados

sal y pimienta al gusto

1. Mezcle en un bol refractario el cheddar con la maicena y la mostaza, y resérvelo.

2. Caliente la leche en un cazo hasta que empiece a borbotear. Incorpore ¼ de taza de la leche caliente al cheddar, y remueva hasta mezclarlo todo bien. Páselo al cazo de la leche y bata vigorosamente con las varillas.

3. Caliente la salsa hasta que empiece a borbotear, baje el fuego y cuézala, batiendo de vez en cuando, 5 minutos o hasta que el queso se derrita, quede homogénea y se reduzca. Aparte el cazo del fuego e incorpore el queso cremoso y la salsa picante. Salpimiente, añada los chiles jalapeños y remueva.

4. Sirva la salsa enseguida o déjela enfriar del todo y guárdela en el frigorífico, dentro de un recipiente hermético, tres días como máximo. Para servirla, recaliéntela a fuego lento sin que llegue a hervir.

¡GRAN IDEA! No eche la maicena ni la mostaza molida tal cual en la leche caliente porque se formarían grumos. Bátalo bien para obtener una textura homogénea.

MOLE ABRASADOR

Los frutos secos y semillas tostados aportan sustancia a esta salsa picante mexicana. Y la mezcla de chiles pasilla y ancho crea una profundidad de sabor que no se arredra ante el picor. El sabor característico, sin embargo, se debe al chocolate.

PARA: UNOS 350 ML/ 1¹/₂ TAZAS

PREPARACIÓN: 15 MINUTOS

COCCIÓN: 10 MINUTOS

INGREDIENTES

3 cucharadas de aceite vegetal

1 cucharada de pipas (semillas) de calabaza (zapallo anco) peladas

1 tortilla de harina blanda del día anterior, en trocitos

1 cebolla roja picada

1 cucharadita de canela molida

½ cucharadita de cayena molida

1 cucharadita de cilantro molido

½ cucharadita de comino molido

¼ de cucharadita de clavo molido

3 chiles pasilla secos y 1 chile ancho, todos secos, tostados, remojados y sin el rabillo ni las semillas (véase la página 82)

4 cucharadas de almendras escaldadas y tostadas

4 cucharadas de avellanas tostadas, peladas

2 cucharaditas de sésamo tostado

30 g/1 oz de chocolate negro con un 70 % de cacao como mínimo

sal y pimienta al gusto

1. Caliente en una sartén 1 cucharada del aceite a fuego medio-fuerte. Fría las pipas de 30 a 60 segundos, hasta que dejen de saltar. Póngalas en el robot de cocina o la batidora.

2. Caliente otra cucharada del aceite en la sartén y caliente a fuego fuerte la tortilla troceada 1 minuto, o hasta que se dore. Añádala al robot.

3. Caliente el resto del aceite en la sartén. Sofría la cebolla de 3 a 5 minutos, o hasta que se ablande. Añada las especias y rehogue 1 minuto más.

4. Ponga el sofrito de cebolla en el robot y añada los chiles, los frutos secos, el sésamo y el chocolate. Salpimiente. Tritúrelo, si fuera necesario raspando con una espátula lo que quede adherido a las paredes del recipiente, hasta obtener una textura granulada y una consistencia espesa. Rectifique la sazón.

5. Sirva la salsa enseguida o déjela enfriar del todo y guárdela en el frigorífico, dentro de un recipiente hermético, tres días como máximo. Para congelarla y conservarla hasta un mes, consulte la página 10.

SALSA TERIYAKI CON GENIO

Con su ardiente pasta de wasabi y su jengibre, esta versión de la salsa japonesa tradicional asegura una buena dosis de sensaciones fuertes, además de un amplio espectro de sabores.

PARA: UNOS 75 ML/ ⅓ DE TAZA

PREPARACIÓN: 5 MINUTOS

COCCIÓN: 8-10 MINUTOS

INGREDIENTES

- 125 ml/½ taza de salsa de soja japonesa
- 4 cucharadas de sake
- 4 cucharadas de mirin o jerez seco
- 4 cucharadas de azúcar
- 1 diente de ajo majado
- 1 trozo de jengibre de 2,5 cm/1 in, rallado
- 1 cucharada de pasta de wasabi, o al gusto

1. Mezcle en un cazo la salsa de soja japonesa, el sake, el mirin, el azúcar y el ajo, y remueva hasta disolver el azúcar. Ralle el jengibre directamente en el cazo para no desperdiciar nada de jugo. Llévelo a ebullición y cuézalo a fuego lento, sin taparlo, de 8 a 10 minutos, o hasta obtener una salsa de consistencia untuosa.

2. Añada el wasabi y remueva hasta que se disuelva.

3. Sirva la salsa enseguida o déjela enfriar del todo y guárdela en el frigorífico, dentro de un recipiente hermético, hasta tres semanas. Justo antes de servirla, añádale un poco de jengibre y recaliéntela.

SALSA DE CURRY INCANDESCENTE

Prepare más cantidad de salsa y congélela en porciones cómodas. Es tan versátil que funcionará igual de bien con platos de carne o aves que con currys de hortalizas.

PARA: UNOS 400 ML/ 1¼ TAZAS

PREPARACIÓN: 10 MINUTOS

COCCIÓN: 20 MINUTOS

INGREDIENTES

400 g/14½ oz de tomate (jitomate) troceado de lata
2-3 guindillas tailandesas verdes o rojas, picadas
4 dientes de ajo picados
1 trozo de jengibre de 2,5 cm/1 in, picado
3 cucharadas de aceite vegetal
2 cebollas bien picadas
1½ cucharaditas de sal
½ cucharadita de cúrcuma
1 pizca de azúcar moreno
1 cucharada de *garam masala*
pimienta al gusto

1. Triture en el robot de cocina o la batidora el tomate con la guindilla, el ajo y el jengibre. Si lo prefiere, maje la guindilla con el ajo y el jengibre en el mortero y, a continuación, añada el tomate y májelo también. Resérvelo.

2. Caliente el aceite en un wok o una cazuela a fuego medio-fuerte. Sofría la cebolla, removiendo varias veces, de 5 a 8 minutos, o hasta que empiece a tomar color. Añada el tomate y llévelo a ebullición, removiendo.

3. Eche la sal, la cúrcuma y el azúcar, y salpimiente. Baje el fuego al mínimo y cueza la salsa, sin taparla, de 10 a 15 minutos, o hasta que el aceite se separe alrededor del contorno.

4. Añada el *garam masala*, remueva y aparte el wok del fuego.

5. Sirva la salsa enseguida o déjela enfriar del todo y guárdela en el frigorífico, dentro de un recipiente hermético, tres días como máximo. Para congelarla y guardarla hasta tres meses, consulte la página 10.

¡ESTO ESTÁ QUE ARDE!

Peligrosa salsa *peri-peri* 76

Salsa jamaicana que quita el hipo 78

Salsa tórrida de Luisiana 80

Salsa caribeña de guindilla 81

¡A tostar! 82

Adobo temible 84

Abrasadora salsa de alubias negras 86

Candente salsa de chile piquín 88

Volcánica salsa *vindaloo* 90

Sriracha extrapicante 92

Sofocante salsa de ajo y pimiento 94

Explosiva salsa húngara de pimentón 96

Salsa habanero para el más fiero 98

Guindillas caseras 100

Salsa de guindilla extrapicante 102

PELIGROSA SALSA PERI-PERI

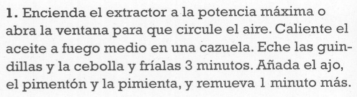

Esta versión de la salsa *peri-peri* es igual de buena que la que se sirve en los mejores restaurantes. Con unas alitas de pollo fritas encantará no solo a los amantes del picante.

PARA: UNOS 75 ML/ ⅓ DE TAZA

PREPARACIÓN: 10 MINUTOS

COCCIÓN: 10 MINUTOS

INGREDIENTES

4 cucharadas de aceite de girasol

24 guindillas *peri-peri* o guindillas rojas tailandesas, picadas

½ cebolla bien picada

4 dientes de ajo grandes, picados

1 cucharadita de pimentón dulce

¼ de cucharadita de pimienta de Jamaica molida

6 cucharadas de zumo (jugo) de limón recién exprimido, o al gusto

2 cucharadas de agua

la ralladura fina de 1 limón

sal y pimienta al gusto

1. Encienda el extractor a la potencia máxima o abra la ventana para que circule el aire. Caliente el aceite a fuego medio en una cazuela. Eche las guindillas y la cebolla y fríalas 3 minutos. Añada el ajo, el pimentón y la pimienta, y remueva 1 minuto más.

2. Agregue ¼ de taza del zumo de limón y el agua, y salpimiente. Llévelo a ebullición, removiendo. Baje el fuego al mínimo, tápelo y cuézalo 5 minutos, o hasta que las guindillas estén tiernas. Destape y mire la salsa alguna vez para asegurarse de que el ajo no se queme.

3. Si desea obtener una salsa fina como la del restaurante, tritúrela en la batidora, pero si la prefiere con textura déjela tal cual. Incorpore el resto del zumo de limón. Rectifique de sal y zumo de limón. Agregue la ralladura de limón y remueva.

4. Sirva la salsa enseguida o déjela enfriar del todo y guárdela en el frigorífico, dentro de un recipiente hermético, dos semanas como máximo. Si desea conservarla más tiempo, consulte la página 10.

SALSA JAMAICANA QUE QUITA EL HIPO

Esta salsa caribeña, extremadamente picante, puede servir para adobar carnes o para untarlas al asarlas a la barbacoa. Es tradicional para el pollo, pero aporta un sabor muy caribeño a cualquier carne e incluso a los platos de marisco.

PARA: UNOS 300 ML/ 1¼ TAZAS

PREPARACIÓN: 10 MINUTOS, MÁS REPOSO

COCCIÓN: NINGUNA

INGREDIENTES

4 cucharadas de zumo (jugo) de limón recién exprimido

4 cucharadas de salsa de soja oscura

4 cucharadas de aceite de girasol

4 cucharadas de vinagre de vino tinto o blanco

4 chiles scotch bonnet o habaneros, sin las semillas y picados

4 cebolletas (cebollas tiernas o de verdeo) bien picadas

1 chalote (echalote) bien picado

1 trozo de jengibre de 2,5 cm/1 in, rallado

2 cucharadas de azúcar moreno

2 cucharaditas de tomillo

1 cucharadita de pimienta de Jamaica molida

½ cucharadita de canela molida

¼ de cucharadita de clavo molido

sal y pimienta al gusto

1. En un bol que no sea metálico, mezcle el zumo de limón con la salsa de soja, el aceite y el vinagre.

2. Incorpore el resto de los ingredientes y salpimiente, removiendo hasta que se disuelva el azúcar. Deje reposar la salsa 30 minutos como mínimo, para que se potencien los sabores.

3. Sirva la salsa enseguida o guárdela en el frigorífico, en un recipiente hermético, un mes como máximo.

SALSA TÓRRIDA DE LUISIANA

La receta tradicional se prepara con pequeños chiles tabasco frescos, pero como cuestan de encontrar aquí se han sustituido por cayena o guindillas tailandesas: la sensación de cosquilleo en la lengua es la misma.

PARA: UNOS 75 ML/ ½ TAZA

PREPARACIÓN: 5 MINUTOS, MÁS REMOJO

COCCIÓN: 15 MINUTOS

INGREDIENTES

55 g/2 oz de guindillas de cayena o rojas tailandesas secas, sin el rabillo, troceadas y remojadas 30 minutos (véase la página 82)

125 ml/½ taza de vinagre de vino blanco

½ cucharadita de sal

1. Encienda el extractor a la potencia máxima o abra la ventana para que circule el aire. Escurra las guindillas remojadas. Póngalas en un cazo con el vinagre y la sal. Tápelo, llévelo a ebullición y, después, baje el fuego al mínimo y cueza las guindillas de 10 a 12 minutos, o hasta que estén tiernas.

2. Tritúrelas con el caldo de cocción en la batidora. Tamícelo y deseche las semillas. Pase la salsa a un bol que no sea metálico y déjela enfriar del todo.

3. Deje madurar la salsa en la nevera, dentro de un recipiente hermético, dos semanas como mínimo. Después se conservará un mes más en el frigorífico. Si desea conservarla más tiempo, consulte la página 10.

SALSA CARIBEÑA DE GUINDILLA

Una salsa aún más ardiente que el sol del Caribe. En los países caribeños abundan las recetas de salsas picantes, y esta en concreto está inspirada en las de Trinidad. Marine con ella las carnes de sus barbacoas y parrilladas, o sazone sopas y guisos.

**PARA: UNOS 300 ML/
1¹/₄ TAZAS**

**PREPARACIÓN:
10 MINUTOS**

**COCCIÓN:
10 MINUTOS**

INGREDIENTES

8 chiles scotch bonnet o habaneros rojos y/o naranjas, sin las semillas
4 dientes de ajo bien picados
1 zanahoria en rodajas
1 cebolla bien picada
6 cucharadas de vinagre de manzana o de vino tinto
1 cucharada de zumo (jugo) de lima (limón) o naranja recién exprimido, o al gusto
sal y pimienta al gusto

1. Ponga a hervir en un cazo agua con un poco de sal. Eche los chiles y escáldelos 30 segundos, o hasta que empiecen a ablandarse. Sáquelos con una espumadera y póngalos en el robot de cocina o la batidora.

2. Deje que el agua vuelva a hervir. Eche el ajo, la zanahoria y la cebolla, y cuézalos de 5 a 8 minutos, o hasta que la zanahoria esté tierna. Escurra las hortalizas y póngalas en el robot. Añada el vinagre y el zumo de naranja y salpimiente.

3. Tritúrelo hasta obtener una salsa. Tamícela en un bol pasándola por un colador de malla fina, presionándola con una cuchara de madera y raspando el colador por debajo para aprovecharla al máximo. Rectifique la sazón. Pásela a un bol y deje que se enfríe del todo.

4. Deje madurar la salsa dos semanas en la nevera, dentro de un recipiente hermético, agitándola de vez en cuando. Después se conservará dos semanas más en el frigorífico. Si desea conservarla más tiempo, consulte la página 10.

¡A TOSTAR!

No todas las guindillas se comen crudas. Las secas suelen tostarse para intensificar su sabor, o se remojan antes de triturarlas para ablandarlas. Ambos son procesos sencillos que merece la pena dominar.

CÓMO TOSTAR GUINDILLAS

Caliente una sartén a fuego medio. Eche las guindillas secas y caliéntelas hasta que desprendan aroma. Si son grandes, como los chiles guajillo y pasilla, presiónelas con una espátula metálica contra la sartén caliente hasta que se hinchen un poco y se ablanden. Sáquelas enseguida y resérvelas. No las tueste demasiado porque amargarían.

Si son pequeñas, como la variedad pequin, remuévalas sin parar para que no se quemen.

Si lo prefiere, precaliente el horno a 220 °C (425 °F), póngalas en la bandeja y áselas 5 minutos, o hasta que se hinchen un poco y se ablanden.

CÓMO REMOJAR GUINDILLAS

Muchas recetas requieren remojar las guindillas para que se ablanden y sea más fácil triturarlas. Póngalas en un bol refractario y escáldelas con agua hirviendo. Déjelas 5 minutos en remojo, o hasta que estén blandas y flexibles. Si son pequeñas, como las guindillas tailandesas y los chipotles, póngales encima un peso para que queden sumergidas.

Cuele las guindillas, séquelas bien y quíteles el rabillo. Hay recetas en las que además se pide partirlas por la mitad y retirarles las semillas.

CÓMO TOSTAR FRUTOS SECOS Y SEMILLAS

Para potenciar el sabor de los frutos secos y las semillas, tuéstelos en una sartén de base gruesa, sin dejar de remover, hasta que se doren bien. No los pierda de vista, porque se queman enseguida. Cuando perciba su aroma, sáquelas enseguida de la sartén para detener el calentamiento de los aceites y evitar que amarguen.

CONSEJOS PARA TOSTAR Y REMOJAR

• Aproveche los recipientes: cuando tenga que tostar y remojar las guindillas, tuéstelas en la sartén y luego eche agua allí mismo y llévela a ebullición. Apague el fuego y deje las guindillas en remojo hasta que se ablanden.

• No tire el líquido del remojo de unas guindillas: es muy sabroso y excelente para enriquecer con un punto picante sopas, guisos y salsas. Deje que se enfríe y luego guárdelo en el frigorífico, en un recipiente hermético. O congélelo en una bandeja para cubitos y después guárdelos en una bolsa para congelar.

• Para ganar tiempo en la cocina, tueste guindillas, frutos secos y semillas, y guárdelos por separado en recipientes herméticos para cuando los necesite.

ADOBO TEMIBLE

Los chipotles son chiles jalapeños secos cuyas dos variedades, morita y meco, sirven para esta receta. Los chipotles meco aportan un sabor más ahumado que va muy bien con los guisos de carne.

PARA: UNOS 300 ML/ 1¹/₄ TAZAS

PREPARACIÓN: 10 MINUTOS

COCCIÓN: 1¹/₂-1³/₄ HORAS

INGREDIENTES

4 cucharadas de concentrado de tomate (jitomate)

600 ml/2½ tazas de agua

6 cucharadas de vinagre blanco

12 chiles chipotle secos

4 dientes de ajo majados

½ cebolla roja picada

2 cucharadas de azúcar moreno

1 cucharada de comino molido

1 cucharada de orégano mexicano o tomillo

2 cucharaditas de pimentón ahumado picante

2 cucharaditas de cayena molida

½ cucharadita de sal

pimienta

1. En una cazuela honda, diluya el concentrado de tomate en el agua y el vinagre. Añada el resto de los ingredientes y sazone con pimienta. Tápelo y llévelo a ebullición.

2. Destape la cazuela, baje el fuego al mínimo y cueza la salsa de 1¼ a 1½ horas, o hasta que los chiles estén tiernos y la salsa se espese.

3. Triture la salsa en la batidora o el robot de cocina. Tamícela en un bol pasándola por un colador de malla fina, presionándola con una cuchara de madera y raspando el colador por debajo para aprovecharla al máximo. Déjela enfriar del todo.

4. Sirva la salsa enseguida o guárdela en el frigorífico, dentro de un recipiente hermético, tres semanas como máximo. Si desea conservarla más tiempo, consulte la página 10.

ABRASADORA SALSA DE ALUBIAS NEGRAS

La sensación de cosquilleo que produce esta salsa para salteados al wok se debe a la pimienta de Sichuan. Encontrará tanto la pimienta como las alubias en establecimientos de alimentación asiática. Estas alubias no tienen nada que ver con las de la cocina caribeña y latinoamericana.

PARA: UNOS 150 ML/ ⅔ DE TAZA

PREPARACIÓN: 10 MINUTOS

COCCIÓN: 5 MINUTOS

INGREDIENTES

2 cucharadas de aceite vegetal

55 g/2 oz de alubias (porotos) negras en salmuera o fermentadas

4 cebolletas (cebollas tiernas) y 4 guindillas tailandesas verdes, bien picadas

1 cucharada de pimienta de Sichuan en grano, tostada y majada

1 trozo de jengibre de 1 cm/½ in, bien rallado

125 ml/½ taza de caldo de carne, pollo o verduras

4 cucharadas de salsa de soja clara

1 cucharada de arrurruz, disuelta en 1 cucharada de agua

1 cucharadita de aceite de sésamo tostado

pimienta al gusto

1. Caliente el wok a fuego fuerte. Eche el aceite y caliéntelo hasta que esté reluciente. Saltee las alubias, la cebolleta, la guindilla, la pimienta de Sichuan y el jengibre 2 minutos, rompiendo las alubias con una cuchara de madera.

2. Añada el caldo y la salsa de soja, y sazone con pimienta. Llévelo a ebullición, removiendo, y baje el fuego al mínimo.

3. Incorpore el arrurruz disuelto y cueza la salsa, sin que llegue a hervir, 1 o 2 minutos, o hasta que esté espesa y satinada. Rectifique de pimienta. Rocíela con el aceite de sésamo.

4. Sirva la salsa enseguida o déjela enfriar del todo, cúbrala con una capa de aceite y guárdela en el frigorífico, en un recipiente hermético, una semana como máximo.

¡GRAN IDEA!

Eche en sus salteados 1 o 2 cucharadas de esta salsa por ración. Es especialmente idónea para salteados de buey con pimiento verde y setas.

CANDENTE SALSA DE CHILE PIQUÍN

Los texanos se toman muy en serio las salsas picantes, y esta está hecha para los más veteranos. Los chiles piquín son originarios de Texas, apenas miden 2,5 cm (1 in) y, secos, se encuentran todo el año. No se deje engañar por su aspecto: son pequeños pero matones.

PARA: UNOS 600 ML/ 2¹/₂ TAZAS

PREPARACIÓN: 10 MINUTOS

COCCIÓN: 40 MINUTOS

INGREDIENTES

1½ cucharadas de chiles piquín secos
1 cucharadita de semillas de comino, tostadas
½ cucharadita de semillas de cilantro, tostadas
4 tomates (jitomates) picados
1 cebolla roja picada
225 ml/1 taza de tomate (jitomate) triturado o salsa de tomate (jitomate)
4 cucharadas de vinagre de vino tinto y 1 de melaza (miel de caña)
2 cucharaditas de tomillo
sal y pimienta al gusto

1. Caliente la sartén a fuego fuerte. Tueste los chiles, removiendo, de 30 a 60 segundos, o hasta que empiecen a dorarse. Sáquelos enseguida de la sartén. Si se quemaran, amargarían. Májelos bien con sus semillas, con la mano de mortero o con el dorso de una cuchara de madera.

2. Ponga el resto de los ingredientes en un cazo, añada la guindilla majada y salpimiente. Llévelo a ebullición, removiendo para disolver la melaza. Baje el fuego al mínimo, tape el cazo a medias y cueza la salsa 30 minutos, removiendo de vez en cuando para que no se pegue.

3. Triture la salsa en el robot de cocina o la batidora. Rectifique la sazón.

4. Sirva la salsa enseguida o déjela enfriar del todo y guárdela en el frigorífico, dentro de un recipiente hermético, una semana como máximo. Para congelarla y guardarla hasta tres meses, consulte la página 10.

VOLCÁNICA
SALSA VINDALOO

El origen de esta salsa tan picante se remonta al siglo XVI, cuando los portugueses introdujeron la guindilla y el vinagre en Goa, India. Si tiene tiempo, en el paso 2 deje reposar la mezcla de *masala* y guindilla majada hasta 4 horas para que se potencien los sabores.

PARA: UNOS 450 ML/ 2 TAZAS

PREPARACIÓN: 15 MINUTOS

COCCIÓN: 35 MINUTOS

INGREDIENTES

2 cucharadas de aceite de girasol

1 cebolla en rodajas finas

4 tomates (jitomates) grandes picados

1 cucharada de azúcar moreno

1 cucharadita de sal

125 ml/½ taza de agua

pimienta al gusto

VINDALOO MASALA

2,5 cm/1 in de canela en rama

1½ cucharaditas de semillas de cilantro, y ½ de cada de semillas de comino y mostaza negra

¼ de cucharadita de cada de semillas de hinojo y pimienta negra en grano

2 cucharadas de vinagre tinto

1 trozo de jengibre de 2,5 cm/1 in rallado

5 guindillas tailandesas rojas o de cayena secas, bien picadas

2 dientes de ajo grandes majados

1. Para preparar el *masala*, caliente una sartén a fuego medio-fuerte. Tueste la canela, todas las semillas y la pimienta, removiendo, 1 o 2 minutos o hasta que desprendan aroma. Sáquelo enseguida de la sartén y muélalo bien con un molinillo o májelo en el mortero.

2. Pase las especias molidas a un bol que no sea metálico e incorpore el vinagre, el jengibre, la guindilla y el ajo. Resérvelo.

3. Caliente el aceite a fuego lento en una cazuela de base gruesa. Rehogue la cebolla de 8 a 10 minutos, o hasta que empiece a dorarse.

4. Añada el tomate, el azúcar, la sal, el *masala* y el agua, y remueva. Llévelo a ebullición y baje el fuego al mínimo. Tape la salsa y cuézala 15 minutos, removiendo de vez en cuando para deshacer el tomate. Sazone con pimienta.

5. Sirva la salsa enseguida o déjela enfriar del todo y guárdela en el frigorífico, dentro de un recipiente hermético, una semana como máximo.

SRIRACHA EXTRAPICANTE

La *sriracha* casera nunca sabrá exactamente igual que la comprada, porque no contiene estabilizantes. Sin embargo, esta versión de la conocida salsa tailandesa, espesada con un poco de arruruz, tiene un sabor delicioso y es igual de picante.

PARA: UNOS 175 ML/ ¾ DE TAZA

PREPARACIÓN: 10 MINUTOS, MÁS REPOSO

COCCIÓN: 30 MINUTOS

INGREDIENTES

14 chiles jalapeños, serranos o fresno rojos, o una mezcla (unos 225 g/8 oz), partidos por la mitad a lo largo

1 guindilla roja tailandesa, sin las semillas

8 dientes de ajo troceados

3 cucharadas de azúcar moreno

2 cucharadas de azúcar

2 cucharaditas de sal

6 cucharadas de vinagre de vino blanco

1 cucharadita de arruruz

1. Ponga en la batidora todos los ingredientes excepto el vinagre y el arruruz, y píquelos bien. Páselos a un tarro con tapa de rosca en el que quepan de sobra y ciérrelo herméticamente. Déjelo a temperatura ambiente de 2 a 4 días, agitando el tarro 1 vez al día, hasta que la mezcla esté líquida.

2. Vierta la salsa en la batidora, añada el vinagre y tritúrela. Cuélela en un cazo, presionándola con una cuchara de madera y raspando el colador por debajo para aprovecharla al máximo.

3. Encienda el extractor a la potencia máxima o abra la ventana para que circule el aire. Caliente el cazo a fuego medio, lleve la salsa a ebullición y remueva hasta que se reduzca a una cuarta parte. Baje el fuego al mínimo.

4. Diluya el arruruz en 1 cucharada de la salsa caliente y échelo en el cazo. Remueva 30 segundos, hasta que la salsa empiece a espesarse. Resérvela.

5. Deje reposar la salsa dos semanas en la nevera, dentro de un recipiente tapado. Se conservará un mes en el frigorífico. Si desea conservarla más tiempo, consulte la página 10.

SOFOCANTE SALSA DE AJO Y PIMIENTO

Esta salsa es ideal para convertir una inocente panceta asada en toda una bomba, pero también queda buenísima en salteados y es perfecta para pintar chuletas y filetes antes de asarlos a la brasa.

PARA: UNOS 175 ML/ ¾ DE TAZA

PREPARACIÓN: 5 MINUTOS

COCCIÓN: 1 HORA

INGREDIENTES

10 guindillas rojas tailandesas

2 pimientos (ajíes, morrones) rojos, partidos en cuartos y sin las semillas

1 cabeza de ajos (unos 12 dientes)

½ cebolla picada

1 cucharadita de mezcla china de cinco especias

2 cucharadas de aceite de girasol

sal y pimienta al gusto

1. Precaliente el horno a 220 °C (425 °F).

2. Ponga las guindillas, los pimientos, el ajo y la cebolla en una fuente refractaria en la que quepan holgadamente. Condiméntelo con la mezcla china de cinco especias, salpimiéntelo, rocíelo con el aceite y remueva. Tape bien la fuente con papel de aluminio.

3. Áselo en el horno precalentado 1 hora, o hasta que todas las hortalizas estén tiernas.

4. Triture en el robot de cocina o la batidora las hortalizas con el jugo que hayan soltado. Cuele la salsa en un cazo con un colador de malla fina, presionándola con una cuchara de madera y raspando el colador por debajo para aprovecharla al máximo. Rectifique la sazón.

5. Sirva la salsa enseguida o guárdela en el frigorífico, dentro de un recipiente hermético, dos semanas como máximo. Si desea conservarla más tiempo, consulte la página 10.

EXPLOSIVA SALSA HÚNGARA DE PIMENTÓN

Los húngaros afrontan el invierno con unos guisos de carne muy picantes al pimentón. Hay pimentones suaves, pero esta receta se hace con uno potente. Para preparar un plato húngaro rápido, eche un poco de salsa en un guiso de pollo y caliéntelo para que se mezclen los sabores.

PARA: UNOS 350 ML/ 1½ TAZAS

PREPARACIÓN: 10 MINUTOS

COCCIÓN: 25 MINUTOS

INGREDIENTES

1 cucharadita de semillas de alcaravea (comino, hinojo de prado)

2 cucharadas de aceite de girasol

1 cebolla grande en rodajas finas

2 cucharadas de pimentón picante húngaro

300 ml/1¼ tazas de nata (crema) agria

1 cucharada de concentrado de tomate (jitomate)

1 cucharadita de eneldo

sal y pimienta al gusto

1. Tueste la alcaravea en una sartén a fuego medio-fuerte, 1 o 2 minutos o hasta que desprenda aroma. Resérvela en un cuenco.

2. Caliente el aceite en la sartén y sofría la cebolla de 3 a 5 minutos, o hasta que se ablande. Eche luego el pimentón y remueva 30 segundos.

3. Incorpore la nata y el concentrado de tomate, y salpimiente. Caliente la salsa hasta que empiece a borbotear, baje el fuego al mínimo y cuézala de 10 a 15 minutos, removiendo de vez en cuando, hasta que se reduzca. Eche la alcaravea tostada y el eneldo, y rectifique la sazón.

4. Sirva la salsa enseguida o déjela enfriar del todo y guárdela en el frigorífico, dentro de un recipiente hermético, tres días como máximo.

¡GRAN IDEA!

Si la salsa se espesara demasiado en el frigorífico, aligérela con un poco de caldo de pollo antes de aderezar carne u hortalizas.

SALSA HABANERO PARA EL MÁS FIERO

No se sienta defraudado por el dulzor inicial. Cuando la salsa le llegue a la parte posterior de la lengua notará su fuego abrasador. Esta salsa combina fruta tropical con chiles habaneros o scotch bonnet. Rocíe con ella brochetas de pescado y marisco recién sacadas de las brasas.

PARA: UNOS 175 ML/ ³/₄ DE TAZA

PREPARACIÓN: 10 MINUTOS

COCCIÓN: 25 MINUTOS

INGREDIENTES

8 chiles habaneros o scotch bonnet verdes, partidos por la mitad y 4 de ellos sin las semillas

2 pimientos (ajíes, morrones) verdes grandes, partidos por la mitad y sin las semillas

3 cucharadas de mango picado

1 cebolla bien picada

4 cucharadas de azúcar disuelto en 4 cucharadas de vinagre de vino blanco

1 trozo de jengibre de 2,5 cm/1 in, rallado

sal y pimienta al gusto

1. Precaliente el gratinador al máximo y forre la bandeja del horno con papel de aluminio. Ponga en la bandeja los chiles y los pimientos, con la parte cortada hacia abajo. Ase los chiles 10 minutos y los pimientos unos 25 minutos, hasta que se chamusquen y estén tiernos. Procure que no se quemen. Sáquelos de la bandeja con unas pinzas, póngalos en un bol y tápelos con un paño de cocina limpio.

2. Cuando los chiles y los pimientos se hayan enfriado y pueda manipularlos, pélelos y píquelos bien.

3. Póngalos en la picadora o la batidora con el resto de los ingredientes y salpimiente. Tritúrelo hasta obtener una salsa homogénea. Tamícela pasándola por un colador de malla fina.

4. Puede servir la salsa enseguida, aunque estará aún más rica si la deja dos días o más en la nevera, dentro de un recipiente hermético. Se conservará dos semanas más en el frigorífico. Si desea conservarla más tiempo, consulte la página 10.

GUINDILLAS CASERAS

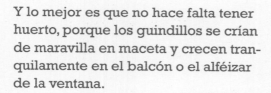

A estas alturas ya ha quedado claro que le gusta el picante. Pero ¿se ha planteado alguna vez plantar guindillas en casa? Podrá hacerlo aunque viva en una región más bien fría. Además, para sacar la planta adelante solo hay que seguir unos sencillos consejos.

Y lo mejor es que no hace falta tener huerto, porque los guindillos se crían de maravilla en maceta y crecen tranquilamente en el balcón o el alféizar de la ventana.

1. Plante el guindillo en enero para recolectar los frutos en julio, pero déjelo dentro de casa. En regiones frías habrá que esperar al menos hasta mediados de mayo para sacarlo.

2. Ponga tierra para macetas en un semillero, riéguela un poco y coloque una semilla en cada hueco. Cubra las semillas con un poco más de tierra. Vuelva a regar, tape el semillero con un plástico y déjelo en un lugar cálido.

3. Al cabo de un mes empezarán a salir los primeros brotes. Quite el plástico y saque el semillero al balcón. Mantenga húmeda la tierra.

4. Cuando crezca la segunda tanda de hojas en las plántulas, trasplántelas con cuidado a macetas pequeñas y écheles cada semana un buen fertilizante.

5. Cuando midan unos 13 cm (5 in) de alto, trasplántelas a macetas más grandes (o plántelas de tres en tres en una muy grande). Para mantener derechas las plantas que cuelguen, átelas a un tutor.

6. Intente que los guindillos no crezcan más de 30 cm (1 pie) pellizcando las hojitas superiores; así la planta crecerá más frondosa y dará más flores. De cada flor saldrá una guindilla.

7. Corte (y cómase) los primeros frutos cuando aún estén verdes, para que vuelvan a brotar, y tendrá guindillas desde julio hasta octubre.

SALSA DE GUINDILLA EXTRAPICANTE

¿Se atreverá con esta salsa? Antes se decía que la guindilla *bhut jolokia*, también conocida como «naga» o «guindilla fantasma», era la más picante del mundo. Encienda el extractor a la potencia máxima antes de que hierva la salsa y manipule las guindillas con guantes de goma.

PARA: UNOS 175 ML/ ¾ DE TAZA

PREPARACIÓN: 15 MINUTOS, MÁS REPOSO

COCCIÓN: 15 MINUTOS

INGREDIENTES

- 1 cucharada de pimienta de Jamaica en grano, un poco majada
- 1 cucharada de semillas de cilantro, tostadas y un poco majadas
- 2 cucharaditas de semillas de comino, tostadas
- 1 cucharadita de semillas de hinojo, tostadas
- 8 guindillas bhut jolokia (naga) secas
- 2 chiles habaneros secos
- 2 zanahorias en rodajitas
- 1 rama de apio picada
- 1 cebolla roja pequeña picada
- 350 ml/1½ tazas de vinagre de manzana
- 125 ml/½ taza de agua, y quizá un poco más
- 4 cucharadas de azúcar moreno
- 2 pimientos (ajíes, morrones) rojos asados de lata, picados

1. Encienda el extractor o abra la ventana de la cocina. Ponga la pimienta y las semillas en un cuadrado de muselina, junte las cuatro esquinas y átelo como un saquito. Póngalo en una cazuela. Añada las guindillas, los chiles, la zanahoria, el apio, la cebolla, el vinagre y el agua. Si no quedara todo cubierto, añada algo de agua. Ponga un plato encima.

2. Llévelo a ebullición y cuézalo 5 minutos. Aparte la cazuela del fuego, incorpore el azúcar y déjelo reposar, tapado, 1 hora como mínimo. Presione el saquito con una cuchara para extraer todo el sabor.

3. Deseche el saquito Saque de la cazuela el resto de los ingredientes, reservando el líquido, y quíteles el rabillo a las guindillas y los chiles.

4. Tritúrelo todo en la batidora y añada 1 o 2 cucharadas del caldo. Tamice la salsa en un cazo pasándola por un colador.

5. Deje enfriar la salsa y, a continuación, déjela reposar dos semanas en la nevera, dentro de un recipiente hermético. Se conservará un mes en el frigorífico. Si desea conservarla más tiempo, consulte la página 10.

PLATOS PICANTES

Chile con carne al estilo de Texas 106

Burritos de cerdo 108

Alitas de pollo ardientes 110

Un mundo de sabores 112

Pollo a la jamaicana 114

Pavo con mole 116

Gumbo de gambas y pollo 118

Albóndigas con salsa de adobo 120

Salmón asado con salsa *teriyaki* 122

Pollo *peri-peri* 124

Fajitas de buey 126

CHILE CON CARNE AL ESTILO DE TEXAS

Los texanos no toleran que en sus grandes raciones de chile haya alubias ni otros estorbos. Lo que se ve es lo que hay: solo trozos de buey y una salsa muy picante de guindilla. Sin complicaciones, pero absolutamente delicioso.

PARA: 4 PERSONAS

PREPARACIÓN:
10 MINUTOS

COCCIÓN:
3 HORAS

INGREDIENTES

2 cucharadas de grasa de beicon (tocino, panceta) derretida o aceite vegetal, y quizá un poco más

750 g/1¾ lb de aguja o redondo de buey (vaca) en dados de 2,5 cm/1 in

1 cebolla grande, bien picada

1 diente de ajo grande, bien picado

1 cucharada de copos de guindilla majados

Salsa texana de guindilla (receta en la página 54)

1 cucharada de harissa

1 cucharada de vinagre de vino tinto

sal y pimienta al gusto

arroz blanco y nata (crema) agria, para servir

1. Caliente la grasa a fuego medio en una cazuela de base gruesa. Salpimiente la carne. Rehóguela por tandas en la grasa hasta que se dore por todos los lados, añadiendo más grasa si fuera necesario. Reserve la carne y el jugo que haya soltado.

2. Reserve 1 cucharada de la grasa de la cazuela y deseche el resto. Sofría la cebolla de 3 a 5 minutos, o hasta que se ablande. Añada el ajo y la guindilla, y sofría 1 minuto. Devuelva a la cazuela la carne con su jugo e incorpore la Salsa texana de guindilla. Tápelo, llévelo a ebullición y, después, baje el fuego y cueza la carne de 2¼ a 2½ horas, hasta que esté tierna.

3. Ponga la harissa en un cuenco y mézclela con el vinagre. Incorpórelo al guiso y cuézalo a fuego lento 10 minutos más, o hasta que se espese. Salpimiente. Sírvalo en cuencos, sobre un lecho de arroz blanco y con una cucharada de nata agria.

¡GRAN IDEA!

Con su arroz blanco o con unos nachos, este guiso constituye un completo plato único para cenar.

BURRITOS DE CERDO

Esta receta necesita varias horas de cocción, pero el resultado es tan delicioso que merece la pena. Mientras el cerdo esté en el horno, el sutil y agradable aroma de los chiles chipotle de la salsa inundará la cocina.

PARA: 4 PERSONAS

PREPARACIÓN:
10 MINUTOS

COCCIÓN:
6 HORAS

INGREDIENTES

800 g/1¾ lb de paletilla de cerdo sin el hueso, en una pieza

4 cucharadas de tomate (jitomate) triturado o salsa de tomate (jitomate)

Salsa infernal de chipotle a la lima (receta en la página 48)

2 cucharadas de cilantro picado

zumo (jugo) de lima (limón) recién exprimido al gusto (opcional)

sal y pimienta al gusto

PARA SERVIR

lechuga en juliana

8 tortillas de harina blandas

guacamole templado (opcional)

cebolleta (cebolla tierna o de verdeo) picada (opcional)

chiles jalapeños encurtidos picados (opcional)

Salsa tórrida de Luisiana (receta en la página 80)

1. Precaliente el horno a 220 °C (425 °F) y forre la bandeja con una hoja de papel de aluminio lo bastante grande como para envolver la paletilla, con la parte brillante hacia arriba.

2. Salpimiente la carne y colóquela en el centro de la bandeja. Vierta por encima el tomate y la mitad de la salsa de chipotle. Envuélvala con el papel de aluminio y remeta los dobleces. Cuézala en el horno precalentado 30 minutos.

3. Baje la temperatura del horno a 120 °C (250 °F) y haga la carne 5 horas más, o hasta que al apretar el paquete note que está muy blanda. Sáquela del horno y déjela reposar, envuelta, 20 minutos.

4. Caliente el resto de la salsa de chipotle en un cazo y añádale el jugo del asado. Deseche la corteza y la grasa de la paletilla. Desmenuce la carne con dos tenedores e incorpórela a la salsa. Añada el cilantro y, si lo desea, el zumo de lima. Rectifique la sazón.

5. Ponga un poco de lechuga en el centro de una tortilla y, por encima, añada carne y los condimentos opcionales. Rocíelo con la salsa de guindilla y doble la tortilla. Haga así todos los burritos.

ALITAS DE POLLO ARDIENTES

Las alitas de pollo gustan a todo el mundo porque son rápidas y fáciles de preparar, y están para chuparse los dedos. Esta receta cumple los tres requisitos. Para prepararlas con antelación, adóbelas un día antes.

PARA: 4 PERSONAS

PREPARACIÓN: 10 MINUTOS, MÁS ADOBO

COCCIÓN: 30-35 MINUTOS

INGREDIENTES

4 cucharadas de jarabe de arce

1 cucharada de Salsa tórrida de Luisiana (receta en la página 80)

24 alitas de pollo, sin la punta y partidas en 2 por la articulación

aceite de girasol, para pintar

sal y pimienta

SALSA DE QUESO AZUL

125 g/4 oz de queso azul

1 cucharada de mostaza molida

300 ml/1¼ tazas de nata (crema) agria

2 cucharadas de cebollino (cebollín) bien picado

sal y pimienta

1. Mezcle en un bol el jarabe de arce y la salsa de guindilla. Salpimiente.

2. Añada las alitas y úntelas bien con el adobo. Déjelas reposar unos 30 minutos a temperatura ambiente. Si las prepara con antelación, tape el bol con film transparente, déjelas en el frigorífico y sáquelas 30 minutos antes de asarlas.

3. Precaliente el gratinador al máximo. Forre la rejilla del horno con papel de aluminio, con la parte brillante hacia arriba, y píntela con aceite.

4. Disponga las alitas en la rejilla, con la parte carnosa hacia abajo. Ponga la rejilla a unos 13 cm (5 in) del gratinador y áselas 20 minutos, untándolas de vez en cuando con el adobo que haya quedado en el bol.

5. Deles la vuelta, úntelas bien y áselas de 10 a 15 minutos más, o hasta que la piel esté bien dorada y al pinchar la parte más carnosa con un cuchillo afilado salga un jugo claro.

6. Mientras tanto, para preparar la salsa, bata en la batidora el queso con la mostaza y la nata. Incorpore el cebollino y salpimiente. Tape la salsa y guárdela en el frigorífico.

7. Sirva las alitas de pollo calientes, a temperatura ambiente o frías, con la salsa para mojar.

UN MUNDO DE SABORES

Aunque la guindilla es originaria de Sudamérica y Centroamérica, hoy día se cultiva en todo el mundo. Con ella se elaboran muchas salsas picantes que asociamos con determinados países.

SUDAMÉRICA

La cocina tradicional de la cuna de las guindillas es más bien suave, y por eso suele condimentarse con salsas picantes. La más conocida es el adobo clásico, que lleva chile (chipotle, por ejemplo), orégano mexicano, cebolla y tomate, aunque quien más quien menos tiene su propia versión, elaborada con chipotles o chiles jalapeños.

ESTADOS UNIDOS

Los ingredientes principales de las salsas picantes estadounidenses son guindilla, vinagre y sal, aunque a menudo también llevan frutas y hortalizas tan diversas como frambuesas, mango, tomate y zanahoria para suavizar el sabor o dar consistencia. Chiles jalapeños, chipotle y habaneros, y guindillas de cayena, son los pimientos picantes más conocidos, que dan distinto grado de picante a las salsas. Las más ardientes incluso se añejan en barriles de madera, como el vino.

CARIBE
Las salsas a base de guindilla están muy presentes en los supermercados caribeños y, como las de Estados Unidos, suelen suavizarse con frutas y hortalizas. Aun así, como la mayoría llevan chile habanero o scotch bonnet, el resultado sigue siendo achicharrante. También son muchas las salsas caseras, que se hacen con cebolla y ajo para intensificar el sabor.

EUROPA
Dos de las salsas de guindilla más picantes del mundo son originarias del Reino Unido. Hechas con las especies naga viper e infinity, son tan fuertes que, desde luego, no son aptas para todo el mundo. Sin embargo, la salsa *peri-peri* portuguesa, hecha con guindillas *peri-peri* majadas con zumo y ralladura de lima y hierbas aromáticas, sigue siendo popular en todo el continente.

ORIENTE PRÓXIMO
Los mayores de la región atribuyeron poderes curativos cuasi mágicos a las guindillas, y desde entonces buena parte de la cocina tradicional lleva

salsas elaboradas con ellas. La más conocida es la harissa, que se prepara con guindillas frescas y secas y semillas de alcaravea.

ASIA
No es ningún secreto que las salsas de guindilla son muy apreciadas en Asia, pues con ellas se condimentan muchísimos platos de las cocinas autóctonas. A menudo enriquecida con legumbres, la salsa de guindilla asiática tiene una consistencia espesa y puede añadirse a currys y salteados o servirse para mojar.

POLLO
A LA JAMAICANA

El característico sabor del auténtico pollo a la jamaicana se lo aporta la madera de pimentero de Jamaica con la que se asa. Aunque no podrá reproducir ese sabor exacto en casa, esta receta le quedará igual de picante que la original.

PARA: 4 PERSONAS

PREPARACIÓN: 10 MINUTOS, MÁS EL ADOBO

COCCIÓN: 40 MINUTOS

INGREDIENTES

4 cuartos traseros de pollo

Salsa jamaicana que quita el hipo (receta en la página 78)

aceite de girasol, para pintar

ensalada de col (repollo), piña (ananás) y ensalada de arroz, para servir (opcional)

1. Pinche las piezas de pollo varias veces con un tenedor. Póngalas en una fuente, en una sola capa. Rocíelas con la salsa jamaicana y úntelas bien por todas partes. Tape la fuente con film transparente y deje el pollo en adobo en el frigorífico de 4 a 36 horas.

2. Saque el pollo 30 minutos antes de asarlo. Encienda la barbacoa y caliéntela hasta que se formen brasas. Si lo prefiere, precaliente el gratinador al máximo y engrase la rejilla con aceite.

3. Disponga el pollo en la rejilla, con la piel hacia arriba. Píntelo con parte del adobo que haya quedado en la fuente y áselo 20 minutos.

4. Dele la vuelta y áselo 20 minutos por el otro lado, pintándolo con el resto del adobo, o hasta que esté hecho y al pincharlo en la parte más carnosa con un cuchillo afilado salga un jugo claro.

5. Pase el pollo a una fuente precalentada y déjelo reposar 5 minutos. Con un cuchillo resistente, trinche las piezas de pollo en cuatro trozos, y, si lo desea, sírvalos con ensalada de col, piña y ensalada de arroz.

PAVO CON MOLE

Un plato excelente para una celebración, puesto que la salsa puede prepararse con cinco días de antelación. Solo una advertencia: vigile la salsa de cerca mientras esté al fuego, porque se pega con facilidad.

PARA: 4 PERSONAS

PREPARACIÓN:
1-1¼ HORAS

COCCIÓN:
35 MINUTOS

INGREDIENTES

2 cucharadas de aceite vegetal

1 cebolla roja bien picada

4 dientes de ajo bien picados

Mole abrasador (receta en la página 70)

sal y pimienta al gusto

cilantro picado y pipas (semillas) de calabaza (zapallo anco) tostadas, para adornar

arroz blanco, para servir

CALDO MEXICANO DE PAVO

1¼ kg/2¾ lb de trozos de pavo, como muslos y contramuslos, sin la piel

2 hojas de laurel

2 guindillas rojas picadas

2 cebollas sin pelar, partidas por la mitad

un ramillete de ramitas de cilantro

1 cucharadita de pimienta negra en grano un poco majada

1 cucharadita de semillas de cilantro un poco majadas

1. Para preparar el caldo, ponga el pavo en una olla y cúbralo con agua. Llévelo a ebullición y espume el caldo. Cuando deje de espumar, añada el resto de los ingredientes y sálelo. Espere a que vuelva a hervir, baje el fuego al mínimo, tape la olla a medias y cuézalo de 45 minutos a 1 hora, o hasta que el pavo esté hecho. Retire el pavo con una espumadera y resérvelo.

2. Cuando el pavo se haya enfriado, trocee la carne con los dedos y deseche los huesos. Resérvela. Cuele el caldo en un bol y resérvelo. Caliente el aceite a fuego medio en una cazuela de base gruesa y sofría la cebolla de 3 a 5 minutos, o hasta que se ablande. Eche el ajo y sofría 1 minuto más.

3. Añada el mole y 150 ml (⅔ de taza) del caldo, y llévelo a ebullición. Baje el fuego al mínimo, añada el pavo y remueva hasta que se impregne bien de salsa.

4. Cuézalo a fuego lento de 15 a 20 minutos, o hasta que se reduzca la salsa. Rectifique la sazón. Adorne el plato con cilantro picado y pipas de calabaza, y sírvalo con arroz.

GUMBO DE GAMBAS Y POLLO

El gumbo de estilo criollo nació en Luisiana en el siglo XVIII. Sírvalo con un cuenco de Salsa tórrida de Luisiana o Harissa en honor de los comensales más aguerridos.

PARA: 4 PERSONAS

PREPARACIÓN:
10 MINUTOS

COCCIÓN:
30 MINUTOS

INGREDIENTES

2 cucharadas de aceite vegetal

½ cebolla roja en rodajas finas

100 g/4 oz de chorizo picante, pelado y picado

400 g/1 lb de muslos de pollo, sin el hueso ni la piel y troceados

Llameante salsa gumbo criolla (receta en la página 50)

150 ml/⅔ de taza de caldo de pollo o de verduras

400 g/1 lb de gambas (camarones) grandes cocidas, peladas

sal y pimienta al gusto

cebolleta (cebolla tierna o de verdeo) picada, para adornar

arroz blanco y Salsa tórrida de Luisiana (receta en la página 80) o Harissa (receta en la página 52), para servir

1. Caliente el aceite en una cazuela a fuego medio-fuerte. Sofría la cebolla de 3 a 5 minutos, o hasta que se ablande. Eche el chorizo y dórelo por ambas caras.

2. Añada el pollo y rehóguelo 1 o 2 minutos, o hasta que empiece a tomar color.

3. Agregue la salsa gumbo y el caldo, y llévelo a ebullición. Baje el fuego al mínimo y cuézalo, sin tapar, de 15 a 20 minutos, o hasta que el pollo esté hecho y bien tierno.

4. Suba el fuego, añada las gambas y remueva 2 o 3 minutos, o hasta que las gambas estén bien calientes. Rectifique la sazón.

5. Para servir, ponga un montoncito de arroz blanco en el centro de los cuencos y reparta el gumbo alrededor. Adórnelo con cebolleta picada y sírvalo enseguida, con salsa de guindilla o harissa por encima.

ALBÓNDIGAS CON SALSA DE ADOBO

Un plato rápido, fácil y delicioso para agasajar a los amantes del picante. La salsa pica a rabiar, y con las sobras obtendrá un magnífico relleno para tacos.

PARA: 4 PERSONAS

PREPARACIÓN: 20 MINUTOS

COCCIÓN: 20-25 MINUTOS

INGREDIENTES

40 g/½ taza de pan rallado

3-4 cucharadas de leche

3 cucharadas de harina

250 g/8 oz de redondo o solomillo magros de buey (vaca) picados

250 g/8 oz de cerdo picado

4 dientes de ajo grandes bien picados

2 huevos batidos

3 cucharadas de perejil o cilantro picados

1 cucharadita de canela molida

1 cucharadita de pimentón dulce

4 cucharadas de aceite de girasol, y quizá un poco más

Adobo temible (receta en la página 84)

125 g/1 taza de mozzarella rallada gruesa

4 cucharadas de cheddar rallado

sal y pimienta al gusto

1. Deje el pan rallado en remojo en la leche unos 10 minutos. Ponga la harina en un plato y resérvela. Precaliente el horno a 200 °C (400 °F).

2. Mezcle en un bol la carne picada con el ajo, el huevo, el perejil, la canela, el pimentón y el pan remojado. Salpimiente y mezcle bien.

3. Con las manos húmedas, forme con el picadillo 24 albóndigas. Caliente el aceite a fuego medio en una sartén grande. Por tandas, reboce las albóndigas en la harina y sacúdalas para que se desprenda el exceso. Fríalas en la sartén, dándoles la vuelta, hasta que se doren de modo uniforme, y vaya reservándolas en una fuente refractaria.

4. Nape las albóndigas con el adobo y esparza la mozzarella y el cheddar por encima. Áselas en el horno precalentado de 15 a 20 minutos, o hasta que estén hechas, la salsa esté caliente y el queso se haya derretido.

5. Mientras tanto, precaliente el gratinador al máximo. Gratine las albóndigas 2 o 3 minutos.

SALMÓN ASADO CON SALSA TERIYAKI

La intensidad del wasabi de la marinada sorprenderá a los aficionados a la comida japonesa y hará las delicias de los amantes del picante. Una receta sencilla que conforma un elegante plato principal.

PARA: 4 PERSONAS

PREPARACIÓN: 5 MINUTOS, MÁS MARINADA

COCCIÓN: 10 MINUTOS

INGREDIENTES

4 filetes de salmón de 2,5 cm/1 in de grosor

Salsa *teriyaki* con genio (receta en la página 72)

aceite de girasol, para untar y pintar

sal y pimienta al gusto

sésamo tostado y ensalada verde, para servir

1. Ponga el salmón en un bol que no sea metálico e imprégnelo bien de salsa. Salpimiente. Déjelo marinar 1 hora como mínimo, hasta 3 horas si es posible.

2. Precaliente el gratinador al máximo. Engrase la rejilla del horno con aceite y póngala a 10 cm (4 in) del gratinador.

3. Coloque los filetes de salmón en la rejilla, con la piel hacia arriba, píntelos con parte de la marinada que haya quedado en el bol y áselos 4 minutos.

4. Deles la vuelta con cuidado, píntelos con el resto de la marinada y gratínelos de 4 a 6 minutos por el otro lado, o hasta que estén hechos y se desmenucen con facilidad.

5. Deje reposar el pescado unos minutos y, a continuación, adórnelo con el sésamo y sírvalo con una ensalada verde.

¡GRAN IDEA!

Si le sobrara marinada, caliéntela muy bien y nape con ella el salmón asado. Si quedara demasiado espesa, aligérela con un poco de sake.

POLLO PERI-PERI

En la receta tradicional, el pollo se asa a la brasa para que
la piel quede muy crujiente. Aquí se ha chamuscado un poco
y para reproducir todo el sabor del plato original.

PARA: 4-6 PERSONAS

PREPARACIÓN: 20 MINUTOS, MÁS ADOBO

COCCIÓN: 40 MINUTOS

INGREDIENTES

1 litro/4 tazas de agua, y quizá un poco más

1 cucharada de sal marina

2 hojas de laurel

2 dientes de ajo picados

1 chile jalapeño rojo o verde, en rodajitas

1 manojito de tomillo fresco

1 pollo de 1,6 kg/3½ lb, abierto

aceite de girasol, para pintar

Peligrosa salsa *peri-peri* (receta en la página 76)

sal y pimienta al gusto

1. Ponga el agua en una fuente grande que no sea metálica y eche la sal, el laurel, el ajo, el chile y el tomillo. Sumerja el pollo en el agua, empujando los condimentos para que queden debajo. Tape la fuente con film transparente y deje el pollo en adobo en el frigorífico de 8 a 24 horas.

2. Sáquelo del agua 30 minutos antes de asarlo, enjuáguelo con agua fría y séquelo bien. Resérvelo.

3. Precaliente el gratinador al máximo. Forre la rejilla del horno con papel de aluminio y píntelo con aceite. Colóquela a 10 cm (4 in) del gratinador.

4. Cuando vaya a asar el pollo, embadúrnelo por todas partes con la salsa *peri-peri*. Póngalo en la rejilla, con la pechuga hacia abajo, y áselo 20 minutos, pintándolo una vez con parte del adobo que haya sobrado.

5. Dele la vuelta al pollo, píntelo con más adobo y áselo de 15 a 20 minutos por el otro lado, hasta que la piel empiece a chamuscarse y al pincharlo en la parte más carnosa con un cuchillo afilado salga un jugo claro. Deje reposar el pollo 5 minutos, salpiméntelo, trínchelo y sírvalo.

FAJITAS DE BUEY

La salsa verde picante da un toque muy especial a estas fajitas. Una opción magnífica para una celebración, ya que tanto la carne como la salsa pueden prepararse con antelación. ¡Más fácil imposible!

PARA: 4 PERSONAS

PREPARACIÓN:
15 MINUTOS,
MÁS EL ADOBO

COCCIÓN:
10-15 MINUTOS

INGREDIENTES

4 dientes de ajo grandes, troceados

1 cucharadita de chile ancho molido u otra guindilla molida

450 g/1 lb de falda de buey (vaca) en una pieza

4 cucharadas de zumo (jugo) de lima (limón) recién exprimido

2 cucharadas de aceite de girasol

1 cebolla roja grande en rodajas finas

2 pimientos (ajíes, morrones) verdes y 2 rojos, sin las semillas y en tiras finas

sal y pimienta al gusto

PARA SERVIR

lechuga en juliana

8 tortillas de harina blandas,

Salsa verde al rojo vivo (receta en la página 58) al gusto

nata (crema) agria (opcional)

cheddar rallado (opcional)

1. Maje en el mortero el ajo con el chile hasta obtener una pasta.

2. Ponga la carne en un bol que no sea metálico y embadúrnela por ambos lados con el zumo de lima y, después, con la pasta de ajo. Tape el bol y deje la carne en el frigorífico al menos 8 horas, aunque lo ideal serían 24 horas, embadurnándola un par de veces con el adobo. Sáquela del frigorífico 30 minutos antes de asarla.

3. Caliente el aceite en una sartén y sofría la cebolla 3 minutos. Añada el pimiento, salpimiente y sofríalo de 3 a 5 minutos. Resérvelo caliente.

4. Mientras tanto, caliente una plancha estriada a fuego fuerte. Ase la carne, 3 minutos por cada lado si le gusta al punto. Déjela reposar 5 minutos y córtela contra la veta en filetes finos.

5. Para montar las fajitas, ponga lechuga en juliana en el centro de las tortillas calientes, y luego el sofrito de tomate y pimiento, la carne y salsa verde. Si lo desea, añada nata y cheddar. Levante las tortillas por un lado y vaya enrollándolas alrededor del relleno como si fueran burritos. Sírvalas enseguida.

ÍNDICE ANALÍTICO

aguacates
    Salsa de chile serrano al cilantro 64
ajo
    Aceite de guindilla al ajo 42
    Sofocante salsa de ajo y pimiento 94
alubias negras
    Abrasadora salsa de alubias negras 86
apio
    Llameante salsa gumbo criolla 50
    Salsa de guindilla extrapicante 102

buey
    Albóndigas con salsa de adobo 120
    Chile con carne al estilo de Texas 106
    Fajitas de buey 126

café
    Salsa texana de guindilla 54
cerdo
    Albóndigas con salsa de adobo 120
    Burritos de cerdo 108
cerveza
    Salsa de guindilla a la cerveza 38
chocolate
    Mole abrasador 70
chorizo
    Gumbo de gambas y pollo 118
cilantro
    Abrasadora salsa verde tailandesa 40
    Albóndigas con salsa de adobo 120
    Chimichurri para emociones
        fuertes 56
    Salsa de chile serrano al cilantro 64
    Salsa pico de gallo picante 20
    Salsa verde al rojo vivo 58

frutos secos
    Mole abrasador 70
    Salsa *satay* encendida 24
    tueste 83

guindillas
    anatomía 46-47
    cultivo 100
    escala Scoville 14-15
    historia 6-7
    manipulación 9
    regiones del mundo 112-113
    remojo 82-83
    tueste 82-83
Gumbo de gambas y pollo 118

jengibre
    Abrasadora salsa verde tailandesa 40
    Salsa de chile serrano al cilantro 64
    Salsa de curry incandescente 73
    Salsa dulce de guindilla 19
    Salsa habanero para el más fiero 98
    Salsa jamaicana que quita
        el hipo 78
    Salsa *satay* encendida 24
    Salsa tailandesa de curry rojo 62
    Salsa *teriyaki* con genio 72
    Volcánica salsa *vindaloo* 90
jerez
    Salsa de tomate asado y pimentón 26
    Salsa *teriyaki* con genio 72

Kétchup con sorpresa 16

leche de coco
    Abrasadora salsa verde tailandesa 40
    Salsa *satay* encendida 24
    Salsa tailandesa de curry rojo 62

limas
    Abrasadora salsa verde tailandesa 40
    Fajitas de buey 126
    Salsa caribeña de guindilla 81
    Salsa de chile serrano al cilantro 64
    Salsa infernal de chipotle a la lima 48
    Salsa pico de gallo picante 20
    Salsa *satay* encendida 24
    Salsa tailandesa de curry rojo 62
    Salsa verde al rojo vivo 58
limones
    Peligrosa salsa *peri-peri* 76
    Salsa de rábano picante 32
    Salsa fuerte y cremosa de mostaza 28
    Salsa jamaicana que quita el hipo 78

mangos
    Salsa habanero para el más fiero 98
melaza
    Candente salsa de chile piquín 88
    Salsa de guindilla a la cerveza 38
miel
    Salsa de chile serrano al cilantro 64
    Salsa verde al rojo vivo 58
mostaza 61
    Salsa barbacoa llameante 18
    Salsa fuerte y cremosa de mostaza 28
    Salsa para nachos no apta para
        cualquiera 68
    Salsa roadhouse ardiente 22

naranjas
    Salsa caribeña de guindilla 81
    Salsa pico de gallo picante 20
    Salsa roadhouse ardiente 22
nata agria
    Explosiva salsa húngara de
        pimentón 96
    Salsa de queso azul 110-111
    Salsa fuerte y cremosa de mostaza 28

pasta harissa 60
    Chile con carne al estilo de Texas 106
    harissa   52
pimentón 61
    Adobo temible 84
    Albóndigas con salsa de adobo 120
    Explosiva salsa húngara de
        pimentón 96
    Llameante salsa gumbo criolla 50
    Peligrosa salsa *peri-peri* 76
    Salsa tailandesa de curry rojo 62
    Salsa verde al rojo vivo 58
pimienta de Sichuan 61
    Abrasadora salsa de alubias negras 86
pimientos
    Fajitas de buey 126
    Llameante salsa gumbo criolla 50
    Salsa de guindilla extrapicante 102
    Salsa de tomate asado y pimentón 26
    Salsa de chile con carne 36
    Salsa habanero para el más fiero 98
    Sofocante salsa de ajo y pimiento 94
pollo
    Alitas de pollo ardientes 110-111
    Gumbo de gambas y pollo 118
    Pollo a la jamaicana 114
    Pollo *peri-peri* 124
queso
    Albóndigas con salsa de adobo 120
    Salsa de queso azul 110-111
    Salsa para nachos no apta para
        cualquiera 68

quingombó
    Llameante salsa gumbo criolla 50

rábano picante 60
    Salsa de rábano picante 32

salmón
    Salmón asado con salsa *teriyaki* 122
salsa de soja
    Abrasadora salsa de alubias negras 86
    Salsa *gochujang* 66
    Salsa jamaicana que quita el hipo 78
    Salsa *satay* encendida 24
    Salsa tailandesa de curry rojo 62
    Salsa *teriyaki* con genio 72
Salsa *gochujang* 66
Salsa tórrida de Luisiana 80
salsas de guindilla
    congelación 10
    conservación 10-11
    ingredientes básicos 8
sambal oelek 61
    Salsa *satay* encendida 24
semillas
    Candente salsa de chile piquín 88
    Explosiva salsa húngara de
        pimentón 96
    Harissa 52
    Kétchup con sorpresa 16
    Mole abrasador 70
    Salsa de guindilla extrapicante 102
    tueste 83
    Volcánica salsa *vindaloo* 90
Sriracha extrapicante 92

tomates
    Adobo temible 84
    Candente salsa de chile piquín 88
    Kétchup con sorpresa 16
    Llameante salsa gumbo criolla 50
    Salsa arrabbiata 34
    Salsa barbacoa llameante 18
    Salsa de curry incandescente 73
    Salsa de rábano picante 32
    Salsa de tomate asado y pimentón 26
    Salsa de chile con carne 36
    Salsa pico de gallo picante 20
    Salsa roadhouse ardiente 22
    Salsa texana de guindilla 54
    Volcánica salsa *vindaloo* 90
tomatillos
    Salsa verde al rojo vivo 58
tortillas de harina
    Burritos de cerdo 108
    Fajitas de buey 126
    Pavo con mole 116

wasabi 61
    Salsa *teriyaki* con genio 72

zanahorias
    Salsa caribeña de guindilla 81
    Salsa de guindilla extrapicante 102